정확한 말

세련된 말

배려의 말

정확한  말
세련된  말
배려의  말

문해력을 높이고 언어 감수성을 키우는 우리말 핵심 표현 100

노르웨이숲

강성곤 지음 | 이크종 그림

차례

01

이제는 제대로 알자 — 매번 헛갈리는 표현

02

이 말이 본디 이런 뜻이었나요? —— 잘못 쓰고 있는 표현

03

같은 값이면 다홍치마 —— 자연스럽고 세련된 표현

04

공정하게 말하는 법 —— 차별하지 않는 중립적 표현

05

예쁜 우리말이 있으니까요 — 덜 썼으면 하는 일본어·영어식 표현

06

올바른 발음에 관하여 — 발음을 생각하다

재밌고 유익한 국어는 가능하다

4차 산업혁명 시대에 현대인에게 필요한 역량으로 흔히 '4C'를 든다. 첫째로 커뮤니케이션Communication, 의사소통 능력이다. 타인의 글과 말을 접하고 뜻한 바를 파악하며 자신의 글과 말을 전달력 있게 실현하는 힘을 말한다.

둘째는 협업Collaboration. 사람들과 일을 함께함에 있어 협력과 협동을 통해 시너지를 내고 최선의 성과물을 도출하는 것이다.

비판적 사고력Critical Thinking이 세 번째다. 상황과 현안을 파악하고 문제의 맥을 짚어 모순을 찾아내면서 개선점을 찾는 역량을 뜻한다.

마지막으로 창의성Creativity이다. 뛰어난 아이디어는 새로운 관점, 혁신적 접근과 통한다. 다양한 경험과 맞닥뜨리고 자신의 한계를 뛰어넘는 도전을 겁내지 않아야 할 터다.

그런데 이 4C를 무엇으로 증명하는가. 4C를 갖추었음을 어떻게 드러내는가 말이다. 결국은 언어다. 인간은 언어라는 집의 울타리를 벗어나기 어렵다. 말과 글, 언어의 뭉근한 위력은 엄청나다.

크게 보면 우리 언어 환경은 세 가지다. 문법과 문학을 주로 접하는 학교 국어. 일상을 영위하는 회화의 영역, 그리고 미디어 언어다.

누군가는 국어라고 하면 여전히 학교 국어를 떠올리며 맞춤법과 표준어에 대한 강박적 스트레스를 호소한다. 반면 이에 대한 반작용으로 어문규범의 답답하고 고루한 원리주의와 교조주의를 성토하는 이도 존재한다.

한편으로 한자 교육의 부실을 지적하며 추락한 문해력에 혀를 끌끌 차고, 또 다른 지점에서는 순 한글주의를 좇아 토박이말 살리기에 투혼을 불사른다.

일상 회화의 마당에서는 자신의 말하기 실력 부족을 탓하며 프

레젠테이션 등에서 발표 공포와 불안장애를 극복하는 방법은 무엇인지 고민하는 사람들도 있다. 국어 능력이 떨어져 언변이 왜소해지는 게 아닐까 여기는 것이다.

우리말의 보루가 돼야 할 미디어 언어 쪽은 그 중요성과 영향력이 막대함에도, 빈번한 오류를 넘어 국어의 가장 큰 오염원이 아닐까 의심 들 정도로 우리말의 위상 저하가 말이 아니다. 신문의 문장은 난삽하고 어지러운 방송 자막은 낯을 붉게 만든다.

단어와 표현의 힘이 관건이다.
무엇이 맞고 무엇이 틀리는가. 정오正誤의 지평은 맨 앞자리가 마땅하다. 언제나 단단해야 할 정확한 말글의 영토다. 여기서 한 걸음 더 나아가면 알맞고 실효적인 단어와 어우러지는 세련되고 근사한 표현이 자리한다. 그리고 마무리는 시대적 흐름인 소수자·다원성·비주류를 의식하는 배려언어의 자리이지 싶다.
이 책 제목이 『정확한 말, 세련된 말, 배려의 말』인 이유다.

나는 37년간 공영방송 미디어인 KBS의 아나운서로서 읽기와 말하기를 업業으로 살아왔다. 보도본부의 뉴스 원고와 교양국, 예능국의 각종 대본 등을 매일 접하며 단어와 표현, 텍스트의 허와 실을 파악하는 안목을 키웠다.
뉴스, 시사, 음악 등의 방송 프로그램을 오래 진행했고 입사 시험 출제, 신입사원 교육, 공채 면접관 노릇도 자주 했다.
KBS한국어능력시험(KLT)은 나의 분신이라 할 만하다. 제1회 시험부터 17년간 출제위원과 검수위원을 맡아 청춘을 불태웠다. 대학교수, 고등학교 교사, 국립국어원의 연구원, 국어학 박사과정 젊은이 등과 수시로 합숙하며 '시험용 국어'와 씨름했다.
방송통신심의위원회 방송언어 특위 활동을 통해 외래어·외국어의 남용, 부적절하거나 부정확한 표현, 신조어·통신언어·유행어, 과격하거나 폭력적인 표현, 자막 오류, 비속한 표현, 무례하거나 억지스러운 표현 등을 가장 가까이에서 관찰할 수 있었다.
국립국어원 국어문화학교 강사라는 색다른 경험도 했다. 국어문화학교는 국어에 관심 있는 사람들에게 어문규정과 국어 사용 능력을 전수해주는 과정이다. 여기서 나는 표준발음법 과목을 도맡아 방학 때마다 중·고교 교사들과 만났다. 발음은 이론이 아니라 실습이 본질이기에 교수·박사 대신 공영방송 아나운서에게 강의의 기회가 온 것이었다. 소중하고 뿌듯한 기억이다.

'어름사니'라는 말이 있다. 남사당놀이 중 하나인 줄타기의 고수 줄꾼을 말한다. 나는 자의 반 타의 반으로 말과 글 어름에서 행복한 줄타기를 해왔다. 말하는 직업인 아나운서라는 정체성正体性에 각종 국어시험 출제, 텍스트 수정·보완, 글쓰기 노하우를 병행해 온 삶이었다.

아나운서는 국어학자가 아니다. 그러나 국어를 사용하는 가장 예민한 관찰자요 철저한 검수자다. 학자들이 책상 앞에 골똘히 앉아 있을 때 우리는 '현장'을 바삐 서성거린다. 특히 '말하기'와 '읽기'라는 기능 국어의 영역에서 본보기의 역할을 부여받는다.

『정확한 말, 세련된 말, 배려의 말』은 그 책임감과 소명 의식의 산물이라 하겠다.

이 책은 띄어쓰기, 영어식 표현, 일본어의 잔재, 뜻을 잘못 알고 쓰는 말, 부적절한 비유, 맥락에 안 맞는 단어, 거칠고 사나운 말, 요령부득要領不得 표현 등을 다룬다.

"왜 그렇게 틀리는가" "어째서 매번 헛갈리는가" "방법과 대안은 없나"라는 틀로 접근하려고 노력했다. 당신이 목마를 대목이 이 점이라고 여겨서다. 무심히 쓰는 관성적 표현을 톺아보기도 하고 때로는 표준국어대사전의 빈틈을 헤집으며 유쾌한 반란을 감행하기도 한다.

통사론·의미론·형태론 등을 관통하는 국어적 오류와 수정이 다수지만 PC(정치적 올바름)와 현대에 맞는 윤리에 따른 배려언어를 다룬 대목, 그리고 한글 자모의 정확하고 명료한 음가 내기 등의 노하우는 독자적이며 오롯이 새로운 차별화 지점이다.

신조어에 관대한 편이다. 선정성·폭력성·저급성의 잣대만 피하면 된다는 생각이다. '엄지척, 넘사벽, 웃프다' 등은 좀체 미워하기 힘들다. 이 책은 '알잘딱깔센'에 해당한다. '알아서 잘 딱 깔끔하고 센스 있게' 만든 국어의 만화경이다.
'중꺾마'라고 했던가? 백번 옳다. 중요한 건 꺾이지 않는 마음이다. 국어는 그동안 당신에게 그다지 친절하지 못했다. 사뭇 굼뜨고 너무 딱딱하고 무척 강팍했다. 그러나 재밌고 유익한 국어는 가능하다.

『정확한 말, 세련된 말, 배려의 말』은 카툰이라는 시대적 총아까지 발랄하게 벗하고 있지 않은가. 흔치 않은 체험일 터. 미소와 환대로 읽어주시길 기대한다.

2023년 6월

강성곤

01

이제는 제대로 알자

— 매번 헛갈리는 표현

걸맞은

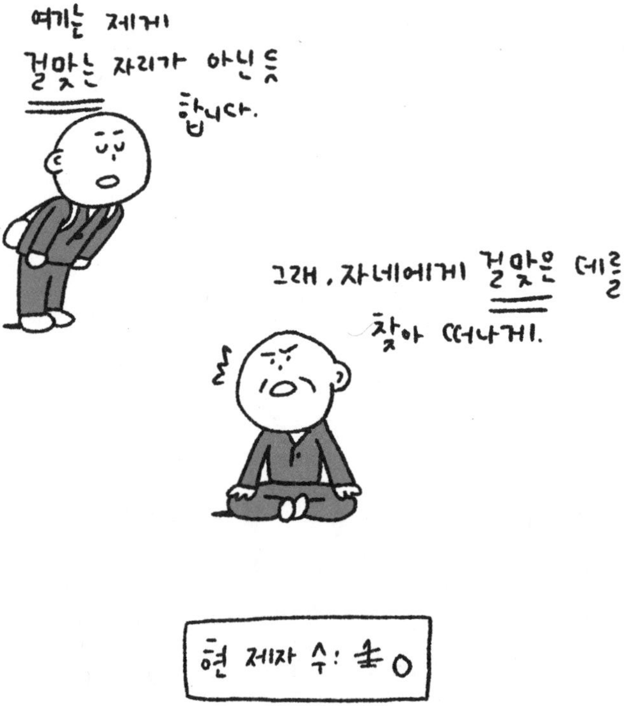
여기는 제게
걸맞는 자리가 아닌 듯
합니다.
그래, 자네에게 걸맞은 데를
찾아 떠나게.
현 제자 수: 0

걸맞는 (X)

걸맞은 (O)

'걸맞다'는 형용사다. '걸맞아', '걸맞으니', '걸맞은' 등으로 활용된다. 형용사에는 '-는'이 오지 않는다. '-는'은 동사에 적합하다. '먹다'가 대표적이다. '먹어', '먹으니', '먹는' 등 행위와 동작이다.

헛갈리는 이유는 '맞다' 때문인 듯하다. '맞는 것은'이 맞으니까 '걸맞는'이 맞을 것 같은 거다. 그런데 '맞다' 앞에 '걸'이나 '알' 등이 붙으면 형용사로 그 정체성正体性이 바뀐다. 따라서 '걸맞은', '알맞은'이 맞는다. '상태'이기 때문이다.

이걸 과거/현재처럼 시제로 오인하는 경향도 오류를 부추긴다. 마치 '-는'은 현재 같고, '-은'은 지나간 과거 같다. 그러나 그렇지 않다. 헛갈리지 말자.

'두어'의 의미

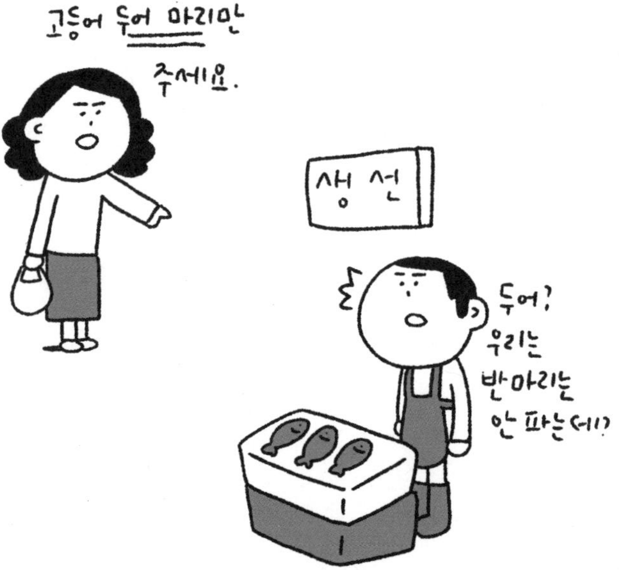

고등어 두어 마리만 주세요.
생 선
두어? 우리는 반마리는 안 파는데?

고유어식 표현이 언제나 좋은 건 아니다. 더 큰 가치는 정보의 정확성, 명료성이다.
'두어'는 얼마만큼을 말하는가? 적지 않은 사람들이 '2~3'으로 알고 있는 것 같다. 그러나 두어는 '그 수량이 둘쯤임을 나타내는 말'이다. 약 2, 2 남짓, 2 정도. 즉 3에는 못 미친다.

'달포'도 헛갈리기 쉽다. 요즘은 흔히 보기 힘든 표현이라 낯설 수도 있겠다. 달포는 '한 달 보름', 45일 정도로 착각하는 경우가 많다. 또는 보름과 혼동해 15일, 즉 한 달의 반쯤으로 여기기도 한다. 그러나 정답은 '한 달이 조금 넘는 기간'. 그러니까 31~35일 어름이다. 새로 익힌 단어라면 이참에 기억해두도록 하자.

-데/ -대

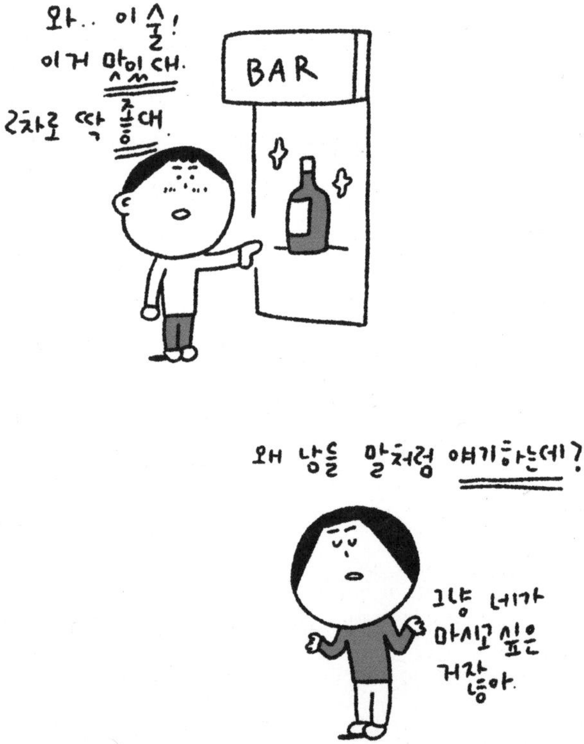
와.. 이 술!
이거 맛있대.
2차로 딱 좋대.
BAR
왜 남을 말처럼 얘기하는데?
그냥 네가 마시고 싶은 거잖아.

'-데'는 자기 생각이다. 자기가 느끼고 경험한 걸 말할 때 쓴다. '-더라'와 같은 의미다.

그이가 말을 아주 잘하데

그 친구는 아들만 둘이데

고향은 하나도 변하지 않았데

'-대'는 인용引用이다. 직접 경험한 사실이 아니라 다른 이가 말한 걸 전할 때 쓴다. '사람들이 그러는데'가 생략된 걸로 이해하면 쉽다.

전학생이 아주 잘생겼대

그 식당 음식이 맛있대

문제가 보기보다 까다롭대

너머/
넘어

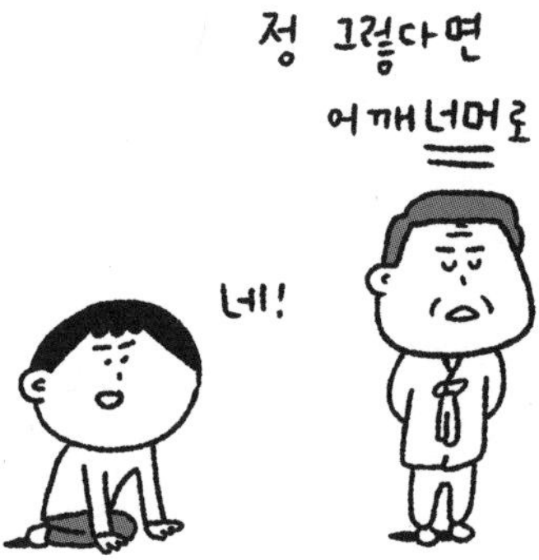
정 그렇다면
어깨너머로 배우거라.
네!

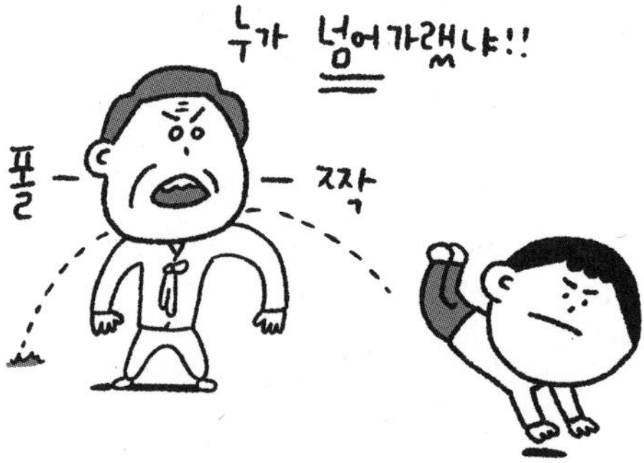
누가 넘어가랬냐!!
폴
짝

'산 너머 남촌'을 아시는가? 시인 김동환의 시 제목이기도 하고, 가수 박재란의 노래 가사이기도 하다.

'넘어'와 '너머'를 헛갈려하는 사람이 많다. 둘 다 동사 '넘다'에서 왔으나 '넘어'는 '넘다'의 활용형이고 '너머'는 독립된 명사다. 쉽게 구별할 수 있는 방법을 든다면 앞에 목적어 성격의 단어가 오면 '넘어'다. '아시아를 넘어', '고개를 셋이나 넘어' 등이 그 예다. '산 넘어 산'도 '산(을) 넘어'의 형태이기에 '넘어'가 맞다.

고개를 셋이나 너머 (X)
고개를 셋이나 넘어 (O)

너머는 '높이나 경계로 가로막은 사물의 저쪽 또는 그 공간'을 뜻한다. 몇몇 예로 '고개 너머에 뭔가 있다', '어깨너머로 배웠다', '지평선 너머로 해가 진다', '들창 너머 물안개가 피어오른다' 등을 들 수 있겠다.

어깨넘어로 배웠다 (X)
어깨너머로 배웠다 (O)

이런 설명이 아니더라도 '산 너머 남촌' 같은 시구는 통으로 기억해두어도 좋겠다. 참고로, '어깨너머'는 한 단어로 붙여 쓴다.

-런지?

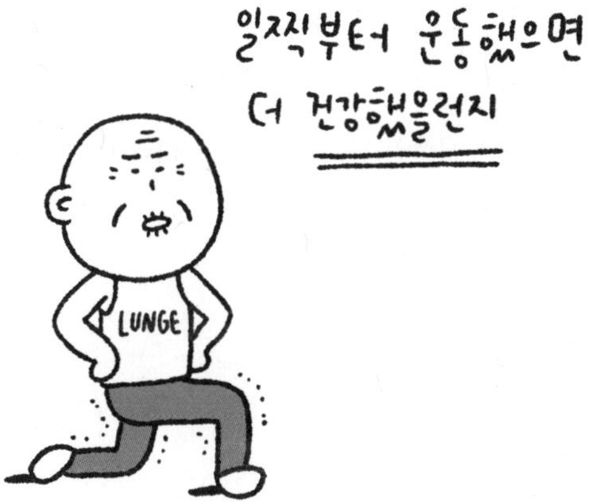
일직부터 운동했으면
더 건강했을런지
LUNGE

할런지, 갈런지, 될런지, 행복했을런지, 사랑했을런지 (X)

모두 틀렸다. '런지'는 우리말에 없다. 'ㅡ' 모음과 'ㅓ' 모음의 전도轉到 현상이 원인인 듯하다. '른지'는 당연히 아니며, 오직 '는지'만 맞는다.

될는지, 맞을는지, 저지를는지, 영원했을는지 (O)

바른 표현은 위와 같다.

'던지'는 과거형에 쓰인다. 어찌나 마음을 졸였던지, 얼마나 고왔던지, 왜 그렇게 비굴했던지 등 추측, 감탄, 의문의 쓰임이다. 뭉뚱그리면 '막연한 의문'을 동반하는 연결어미다.

'든지'는 나열과 선택이다. "냉면이든지 밀면이든지 막국수든지 다 좋아요." 이렇게 나열할 때 조사로 쓸 수 있다. "떠나든지 남든지 어서 결정해라." 선택의 의미를 나타내는 어미로는 이런 식으로 쓸 수 있다.
단, '든'으로 줄여 쓰면 '건'으로 바꿔도 된다.

어떻건 = 어떻든

좋건 싫건 = 좋든 싫든

하든 말든 = 하건 말건

'건'이 선택을 나타내는 '거나'의 준말이기에 그렇다.

'건지'는 '것인지'의 준말이므로 앞의 어간 다음에 띄어 써야 한다.

할 건지, 살 건지, 그만둘 건지 (○)

우선 '런지'부터 추방하자.

-이에요/ -예요

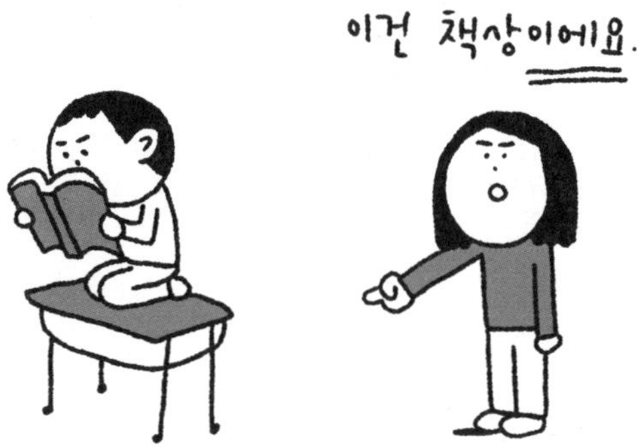

이건 책상이에요.

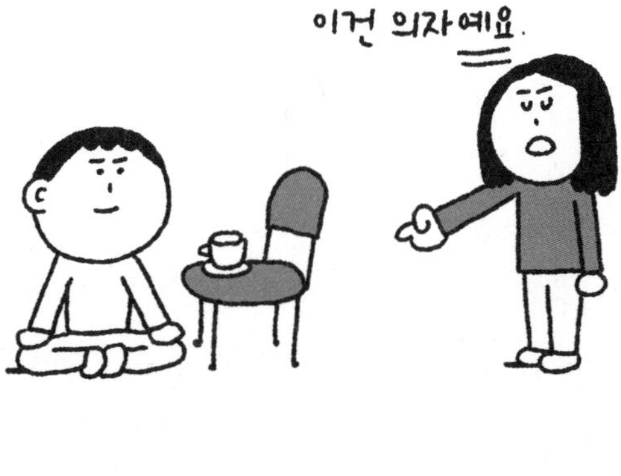

이건 의자예요.

'이에요'와 '에요', 이 둘을 비교하는 게 헛갈리지 않고 더 쉽다. 일견 '에요'와 '예요'를 견주는 게 깔끔해 보이지만 그러면 설명이 어려워진다.

일단, 바로 앞 글자에 받침이 있으면 '이에요'다.

책상이에요 | 손흥민이에요 | 박은빈이에요 | 남이에요 (○)

앞 글자에 받침이 없으면 '예요'다.

의자예요 | 김연아예요 | 송중기예요 | 나예요 (○)

단, '아니에요'만 따로 기억할 필요가 있다. 형용사 '아니다'는 독자적으로 움직인다. 체언(명사, 대명사)이 아니기 때문이다. 받침이 없어도 '에요'가 붙는다. '아녜요'도 맞는다. '아니에요'의 준말이기에 그렇다.

아니에요, 아녜요 (○)

-서/ -써

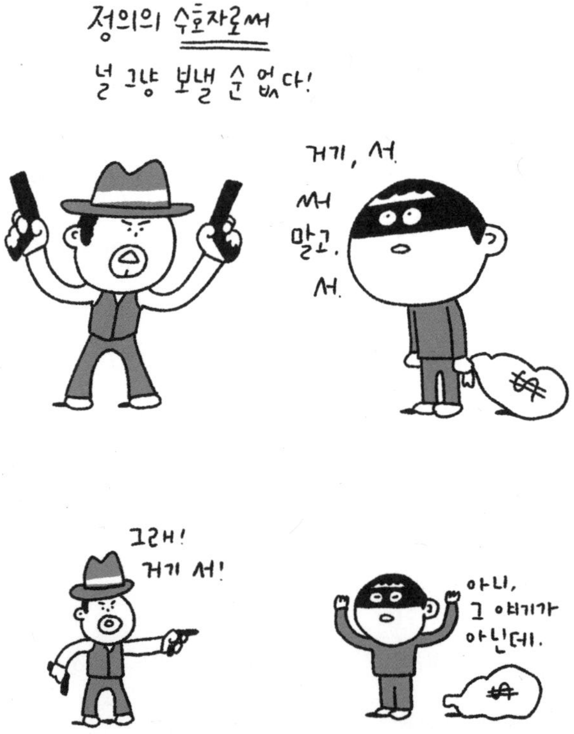

정의의 수호자로써
널 그냥 보낼 순 없다!
거기, 서.
써
말고.
서.
그래!
거기 서!
아니,
그 얘기가
아닌데.

'서'는 자격, 지위를 나타내는 조사다.

누이는 존경 받는 의사로서 명예로운 삶을 살았다
할아버지는 마을의 어른으로서 늘 솔선수범하셨다

'써'는 도구, 수단의 의미로 쓰인다.

말로써 천냥 빚을 갚는다는 말이 있지 않은가?
에어컨 고장은 필터를 교환함으로써 해결되었다

'서'와 '써'의 다툼에서 애꿎게 시달리는 게 '비로소'다. '비로써', '비로서' 둘 다 아니다. '비로소'는 '비롯하다'에서 온 부사로, '소'라는 접사가 붙는 흔치 않은 예다.

비로소 그는 소원을 이루었다 (O)
비로서 그는 소원을 이루었다 (X)
비로써 그는 소원을 이루었다 (X)

지/
-지

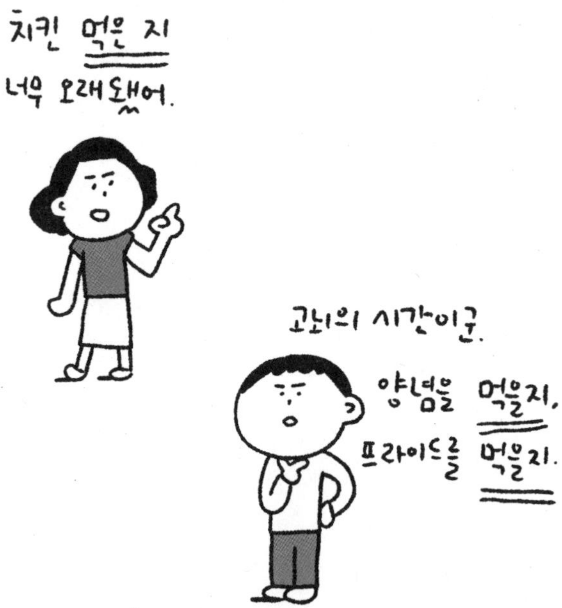

치킨 먹은 지
너무 오래됐어.
고뇌의 시간이군.
양념을 먹을지,
프라이드를 먹을지.

띄어 쓰는 '지'는 시간과 관련 있다. 이를테면 과거로부터 현재까지의 경과다.

밥 먹은 지 오래됐다 | 집 떠난 지 사흘째다

의존명사지만 어디까지나 명사名詞라 띄어 쓴다. 독립적이다.

붙이는 '-지'는 어미語尾다. 주로 'ㄴ지', 'ㄹ지' 형태가 일반적이다.

좋은지 아닌지 잘 모르겠다 | 부끄러움은 왜 우리 몫인지 | 갈지 말지 빨리 결정해라 | 뭐를 택할지 말하렴

여기엔 주로 의문사가 포함돼 따라다니곤 한다. '왜? 무엇을? 어떻게?'가 동반된다.

그리고는?

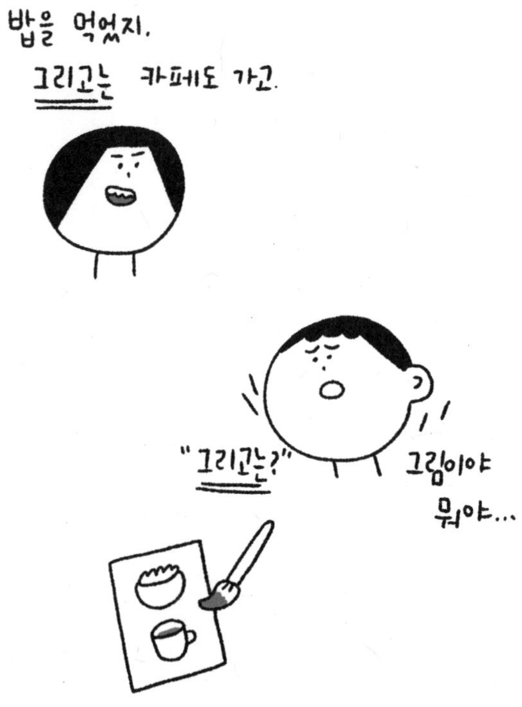
밥을 먹었지.
그리고는 카페도 가고.
"그리고는?"
그림이야
뭐야...

'그러고'를 '그리고'로 잘못 쓰는 경우가 종종 있다. '그리고는'이 아니라 '그러고는', '그러곤'이 맞는다. 보조사 '는'은 부사 다음에 올 수 없다. '그러나는', '그런데는'이 성립되지 않는 이유이기도 하다.

그리고는 지갑 갈피에 끼워져 있는 몇 장의 카드를 꺼내 들었다 (X)
그러고는 지갑 갈피에 끼워져 있는 몇 장의 카드를 꺼내 들었다 (O)

또 많이 틀리는 게 '그리고나서'다. '그러고 나서'가 맞는다. '그러다'가 원형이기 때문에 그렇다. '나서'는 부사 '그리고'가 아니라 동사 '그러고'에 붙는다. 동사 '그러다'는 '그리하다'의 준말이다. 그러니까 '그렇게 하고 나서', '그리하고 나서'의 의미이다. 이때의 '나서'는 '완료'를 의미하는 보조동사다, '자고 나서', '먹고 나서' 등으로 쓰인다.

먼저 골고루 먹어야 한다. 그리고나서 영양제를 챙겨 먹는 것이 순서다 (X)
먼저 골고루 먹어야 한다. 그러고 나서 영양제를 챙겨 먹는 것이 순서다 (O)

몇 일?
며칠!

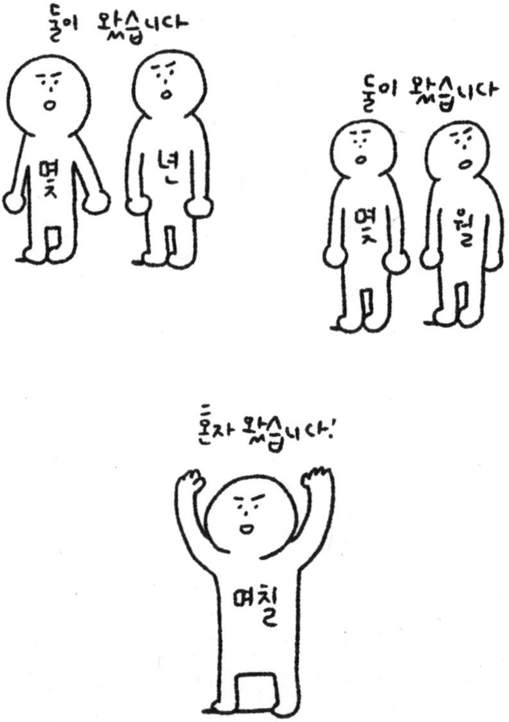
둘이 왔습니다
몇
년
둘이 왔습니다
몇
월
혼자 왔습니다!
며칠

몇일, 몇 일 (X) ⇒ **며칠** (O)

몇 년, 몇 월, 몇 일. 이러면 딱 떨어지고 참 좋으련만 '몇일', '몇 일'이 아니라 '며칠'이 맞는다.

이유인즉슨 이렇다. '몇 일'은 불행하게도(?) [며칠]로 소리 나지 않는다. 구조적으로 [면닐]로 발음된다. '일'에 들어 있는 [ㅣ] 모음의 존재감 때문이다. 깻잎[깬닙], 뒷일[뒨닐], 베갯잇[베갠닏]처럼 'ㄴ' 소리가 꼭 덧나게 되어 있는 것이다. [며칠]이라고 발음하려면 며칠이라고 써야 한다.

'몇 일'이 '몇 년', '몇 월'과 마찬가지로 한 단어가 아닌 점도 시사점을 준다. 원래 '몇일'이란 단어가 있었던 것 같지만, 문헌상으로 조선 중기 어느 고문집古文集에 '며츨'이 처음 나온다. 그것이 변해 '며칠'이 된 것이다.

그러니 정확한 쓰기는 '몇 년, 몇 월, 며칠'이다. 이상해도 할 수 없다. 때로는 상식, 예측에 반反하는 것이 매력적이지 않은가? 우리말은 오묘하다.

뵈/
않

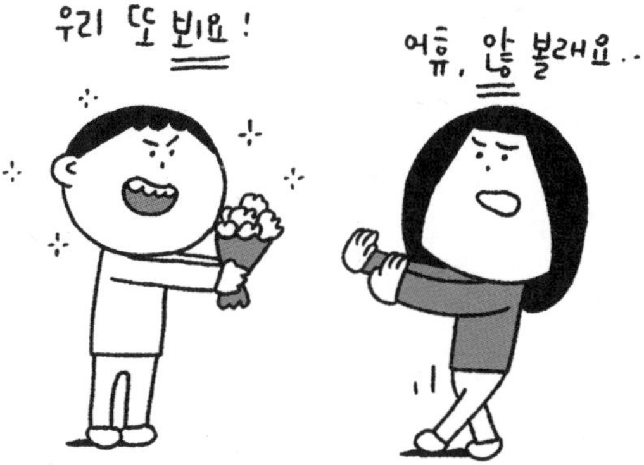
우리 또 뵈요 !
어휴, 않 볼래요..

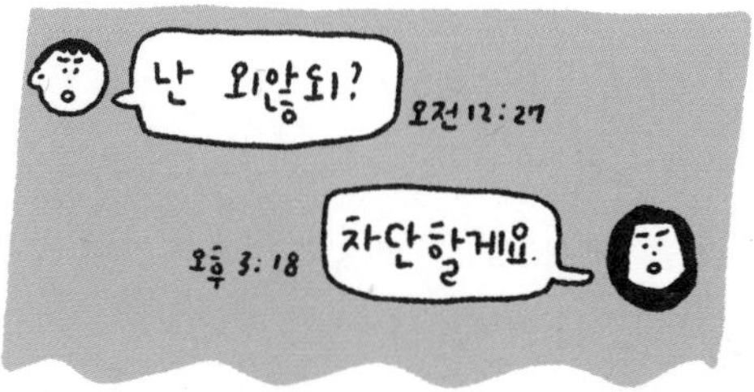
난 외않되?
오전 12:27
오후 3:18
차단할게요.

'뵈'와 '봬'는 자주 헛갈린다. 요령은 '뵈=보이'로 기억하는 것이다. '보이'를 넣어도 무리가 없고 말이 되면 '뵈'고, 안 그러면 '봬'다. '그렇게 안 뵈는데요'는 '그렇게 안 보이는데요'다. '보이'만 넣어보면 된다. 그러나 '또 뵈요'는 '또 보이요'가 되어 이상하다. 바로 '어'가 빠져서 그렇다. 그래서 '또 봬요'가 맞는다. '뵈어요'가 줄어든 것이다.

그렇게 안 뵈는데요 = 그렇게 안 보이는데요
또 봬요 = 또 뵈어요

'봬'는 뜨악해 보이는지 언어 현장에서 '봬'를 넣어야 할 곳에 '뵈'를 써서 틀리는 경우가 압도적이다. '안'과 '않'도 같은 맥락이다. '안'은 '아니'의 축약이고 '않'은 '아니ㅎ/하'가 줄어든 것이다. '아니'로 대체하여 딱 풀리면 '안'이요, 모자라면 '않'이다. '그렇게는 안 돼'는 '아니'로 충분하니 '안'이다. '그리 되지 않도록'에서는 '아니'로 부족하고 말이 안 되니 '않'이다.

그렇게 안 돼 = 그렇게 아니 돼
그리 되지 않도록 = 그리 되지 아니하도록

알은체/
알은척

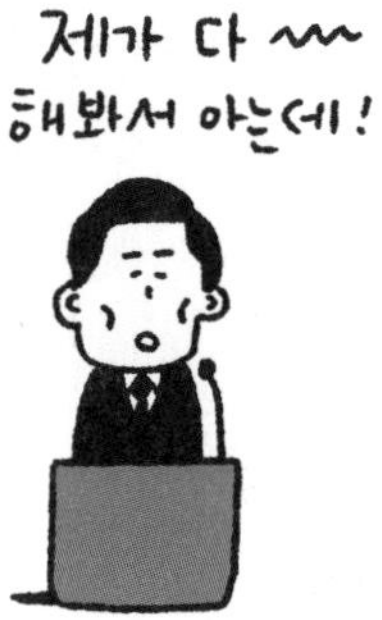
제가 다 ~~
해봐서 아는데!

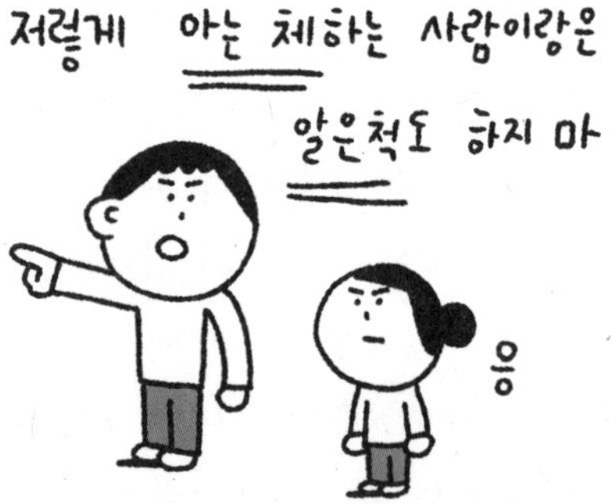
저렇게 아는 체하는 사람이랑은
알은척도 하지 마
응

'아는 체/아는 척'과 '알은체/알은척'은 다르다.

'아는 체하다/아는 척하다'는 뭔가를 모르는데 아는 것처럼 행세하는 경우에 쓴다. 지식이나 정보 등이 아는 대상에 해당한다.

'알은체하다/알은척하다'는 '사람을 보고 인사하는 표정을 짓다'가 사전적 정의다. 아는 사이, 관계성을 뜻한다.

"우리 앞으로 서로 알은척하지 말자." 제대로 쓴 것이다.

아는 척, 아는 체는 원칙적으로 띄어 쓰지만 알은체, 알은척은 붙여 쓴다. 후자는 한 단어라 그렇다.

좀 아는 체했다고 알은척도 안 할 일은 아니다.

옹니?

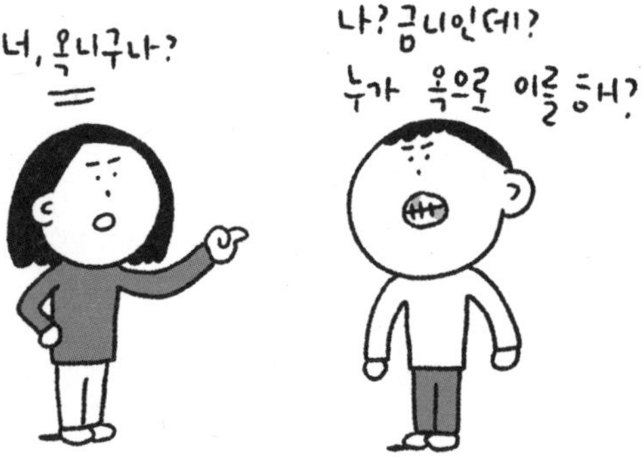
너, 옥니구나?
나? 금니인데?
누가 옥으로 이를 해?

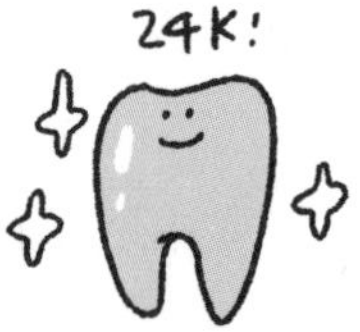
24K!

'옥니'를 옥玉니-, 혹은 옹니로 잘못 알고 있는 사람들이 꽤 있다. 후자는 혹시 '옹녀' 때문인지도 모르겠다.

옥니는 순우리말로 '안으로 옥게 난 이'다. '옥게'는 '옥다'에서 왔다. 안쪽으로 오그라들어 있는 것이 '옥다'의 뜻. 치아가 옥니인 사람을 '옥니박이'라고 한다. 대개 까다롭고 고집이 세며 각박하다는 편견과 마주한다.

관련 있는 단어로 '옥생각'도 있다. 생각이 옹졸하거나, 공연히 그릇되게 갖는 생각을 말한다. 한자 玉은 귀하고 좋은 것이나, 고유어 어간 '옥'은 그 반대인 셈이다.

-워/ -와

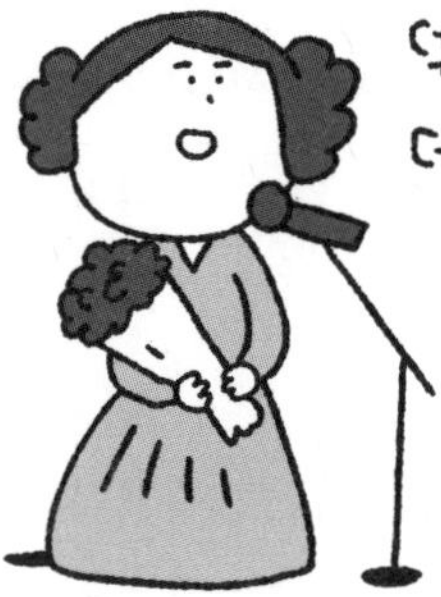
고마와요.
덕분에 이밤이
더 아름다와요.

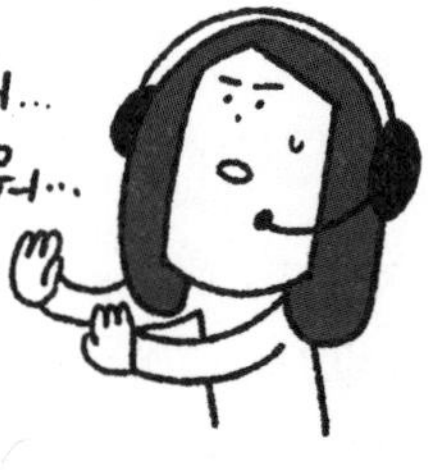
워…
워…

아름다와, 가까와, 아니꼬와, 괴로와, 고마와 (X)

아름다워, 가까워, 아니꼬워, 괴로워, 고마워 (O)

단음절 어간을 갖고 있는 '곱다'와 '돕다', 이 둘만 '와'를 허용한다. 그래서 '고와', '도와'로 적는다.

나머지는 모두 다 어간 끝 'ㅂ'의 어미로 'ㅜ'를 택한다. 그래서 '워'로 적는다.

'고마워', '아름다워', '무거워', '즐거워', '아니꼬워', '괴로워'가 맞는 이유다.

어간 끝에 'ㅗ'나 'ㅏ'가 오면 '와'로 적고 싶은 충동을 모르는 바 아니나, '고마워', '정다운(정다워)', '그 사람다워' 등의 사례를 떠올리며 참고 달랠 일이다.

-의/-에/-에서

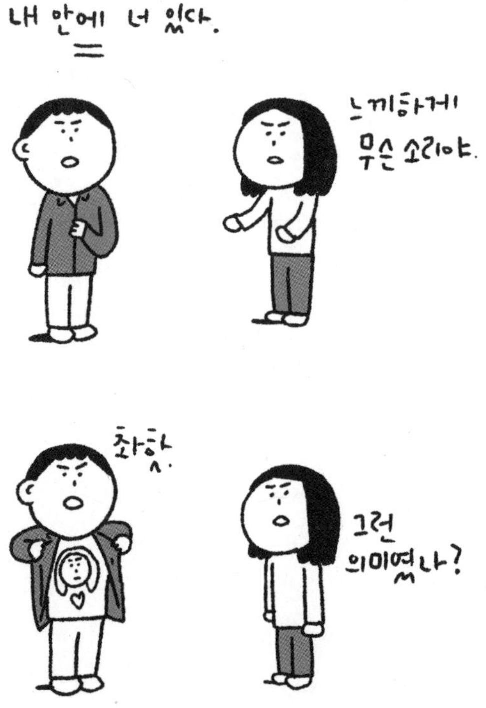

내 안에 너 있다.
느끼하게 무슨 소리야.
촤핫.
그런 의미였나?

①문 앞에 물건이 있다.

②문 앞에서 물건을 찾는다.

③문 앞의 물건을 찾는다.

④문 앞에 물건을 찾는다.

넷 중에 어느 것이 이상한가? 당연히 ④다.

예컨대 "내 안에 네가 있다"는 상태를 나타내기 때문에 문법적으로 문제가 없다. '-에'만 있으면 된다.
그러나 무언가를 찾는다는 건 행위, 동작이다. 그럴 땐 '-에'만으로는 부족하고, '-에서'가 돼야 한다. 앞말이, 행동이 이루어지고 있는 처소處所의 부사어임을 나타내는 격조사가 '에서'다. 아니면 이런 경우 소유를 나타내는 조사 '의'로 '에'를 대체해야 한다.

어느 신문의 칼럼 제목이 '내 안에 나를 찾는다'로 돼 있었다. 본문의 '내 안에 존재하는 작은 나를 찾는 것이다'를 허투루 뚝딱 줄여버린 것이다. 뒷부분 "나를 찾는다"에 대한 고려를 안 한 실수다. '내 안의 나를 찾는다' 혹은 '내 안에서 나를 찾는다'라야 맞는다.

추스리고?/
설레임?/단언컨데?

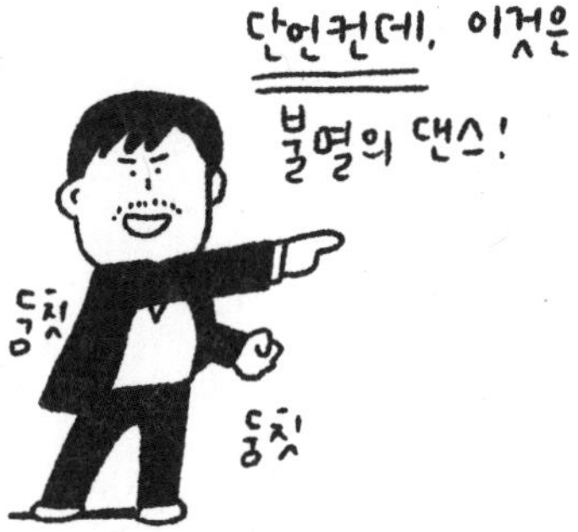
단언컨데, 이것은
불멸의 댄스!
둠칫
둠칫

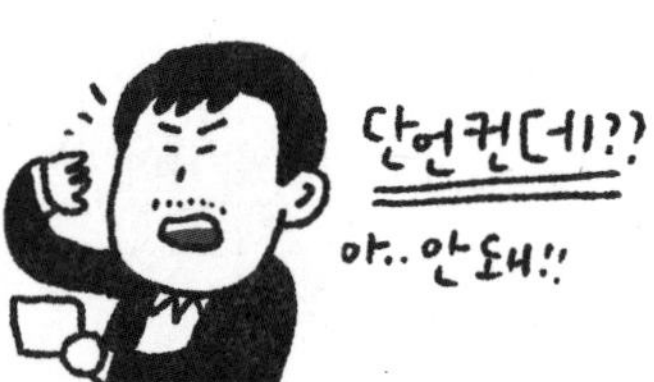
단언컨데??
아.. 안돼!!

'추스리고'가 아니라 '추스르고'가 맞는다. '가다듬다', '다루다', '다스리다'의 뜻으로, '추스르다', '추슬러', '추슬러라', '추슬렀다' 등으로 활용된다. '추스리다', '추스려', '추스려라', '추스렸다'는 오류다.

몸과 마음 추스리시길 바랍니다 (X)
몸과 마음 추스르시길 바랍니다 (O)

아울러 '설레임', '설레이다'도 잘못이다. '설렘', '설레다'로 써야 바르다.

설레임 ⇒ 설렘

'단언하건대'의 준말인 '단언컨대'도 '단언컨데'라고 많이들 틀린다. '-건대' 자체가 고정된 어미 형태다. '요컨대', '예컨대'도 마찬가지다. '건데'는 '그런데'의 준말이다. '근데'도 맞는다. 주로 구어口語에서 쓰인다.

단언컨데 ⇒ 단언컨대

하릴없이/ 할 일 없이

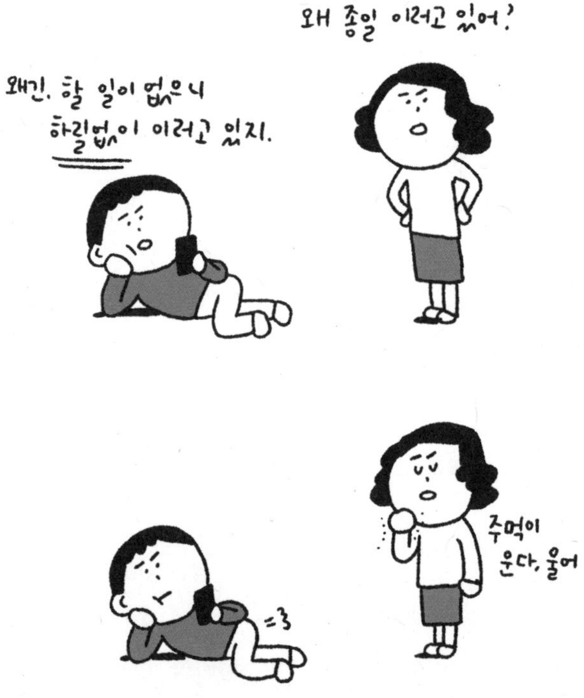

왜 종일 이러고 있어?
왜긴. 할 일이 없으니
하릴없이 이러고 있지.
주먹이
운다, 울어

새벽은
할 수 없지만 일어나야 하는 시간
고요함에게서 배우는 시간
새로운 오늘과 마주하는 처음
늘 똑같다고 생각하지만
……..

어느 기업 광고 문구 중 일부다.

'할 수 없지만 일어나야 하는 시간?' 이렇게는 쓸 수 없다. 여기서 '하다'는 'do'가 아니다. '어떻게 할 방법이나 도리 없이'라는 일종의 굳어진 관용표현인 '할 수 없이', '하는 수 없이'를 써야 옳다.

조금 더 고급스러운 표현으로는 '하릴없이'가 있다. 형용사 '하릴없다'에서 나온 것으로 붙여 쓴다. 역시 '달리 어떻게 할 도리가 없이'의 의미를 띤다. 또한 '조금도 틀림이 없이'의 뜻도 있다. 정말 할 일이 없는 것은 '할 일 없이'다.

행여/혹여

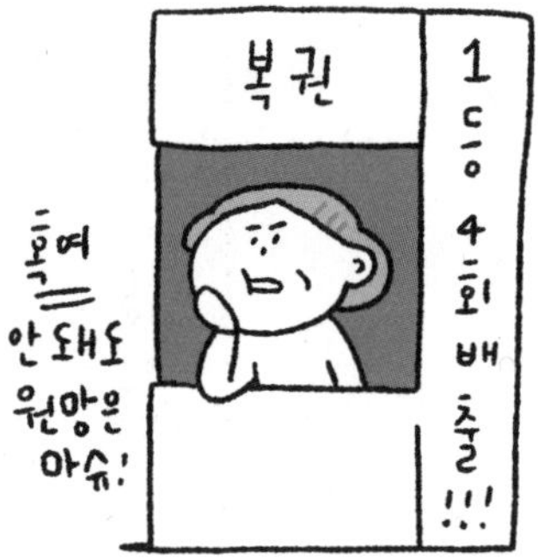
복권
1등 4회 배출!!!
혹여 안 돼도 원망은 마슈!

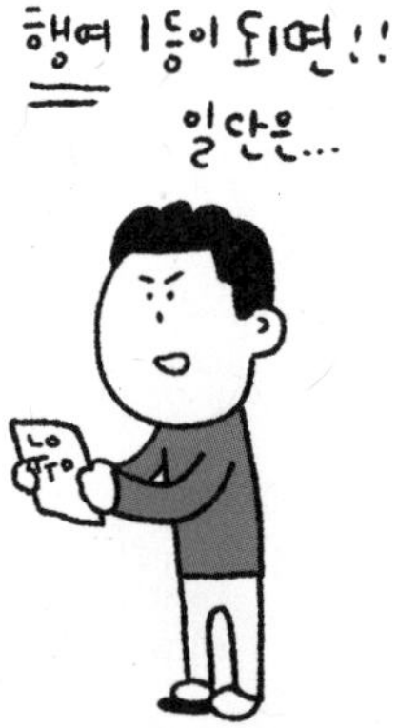
행여 1등이 되면!!
일단은...

'행여幸-'는 원래 긍정적인 의미일 때만 사용했다. 행幸에서 감지할 수 있다. 행여는 '행여(나) 오실까', '행여 만나려나' 등의 표현으로 자주 쓰인다.

'혹여或如'를 써야 꼭 들어맞을 때가 있다. ①이건 어쩌다가 혹시 ②그럴 리는 없지만 만약에 ③어쩌다 우연히 등 세 개의 어의語義를 가지지만, 혹或에서 느낌이 오듯 좋지 않은 일에 써야 걸맞다.
'혹여 오해할 수도 있겠지만', '혹여 시험에 떨어지더라도' 등이 적합한 예다.

결단/
결딴

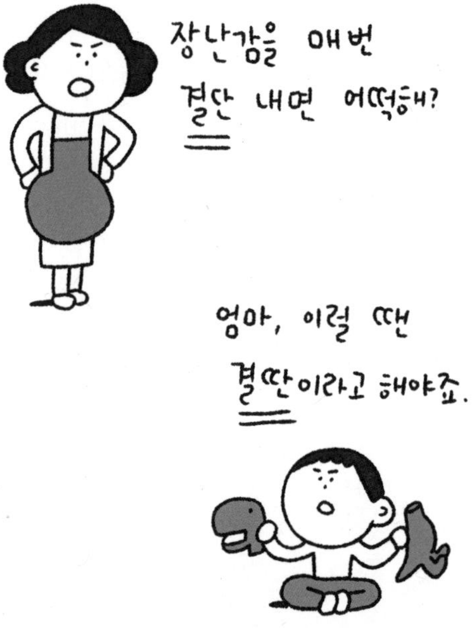
장난감을 매번
결단 내면 어떡해?
엄마, 이럴 땐
결딴이라고 해야죠.

'결단決斷'과 '결딴'은 다르다.

'어떤 일이나 물건 따위가 아주 망가져 도무지 손을 쓸 수 없는 상태가 되다', '살림이 망하여 거덜 나다'를 표현할 때는 '결단 나다'가 아니라 동사 '결딴나다'를 써야 한다. 순우리말이다. 사역형은 '결딴내다'이다.

예를 들면 이런 식으로 쓸 수 있다.

이번 일은 사장님께서 결단을 내리셔야 합니다
주식 때문에 빚을 많이 진 탓에 가정경제가 결딴났다

'결딴나다'와 비슷한 '절딴나다', '절단나다'는 모두 방언이다.

횡경막?

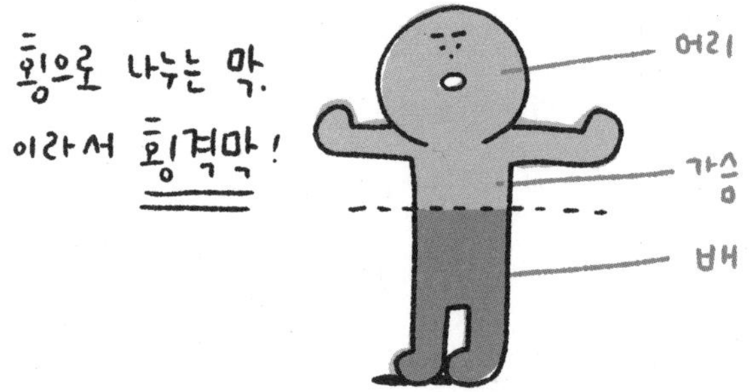
횡으로 나누는 막.
이라서 횡격막!
머리
가슴
배

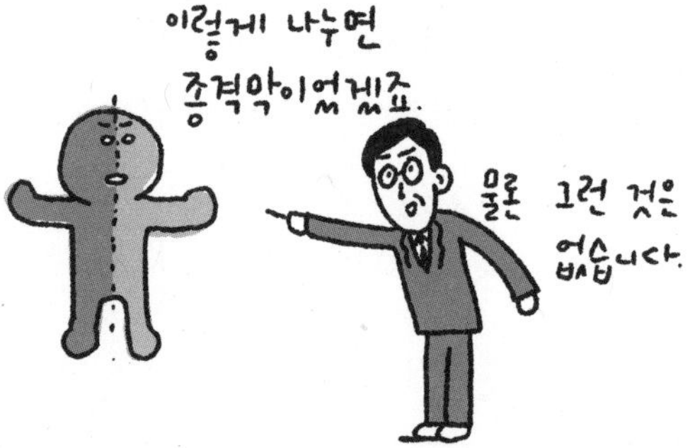
이렇게 나누면
종격막이없겠죠.
물론 그런 것은
없습니다.

횡격막橫隔膜

가슴과 배를 나누는(隔) 가로무늬 근육.

발음이 표기에 영향을 미쳐 오류가 나는 경우가 있다. 횡격막을 횡경막으로 잘못 쓰는 게 대표적이다. 비슷한 예를 모아보았다.

찰나(찰라x) | 남녀(남여x) | 옥니(옹니x) | 말발(말빨x)

어물쩍(어물쩡x) | 앳되다(앳띠다x) | 어중되다(어중띠다x)

들입다(드립다x) | 이따가(있다가x) | 본떠(본따x)

사그라들다(사그러들다x) | 금세(금새x) | 폭발(폭팔x)

얽히고설키다(얼키고설키다x) | 생때같은(생떼같은x)

장이/
쟁이

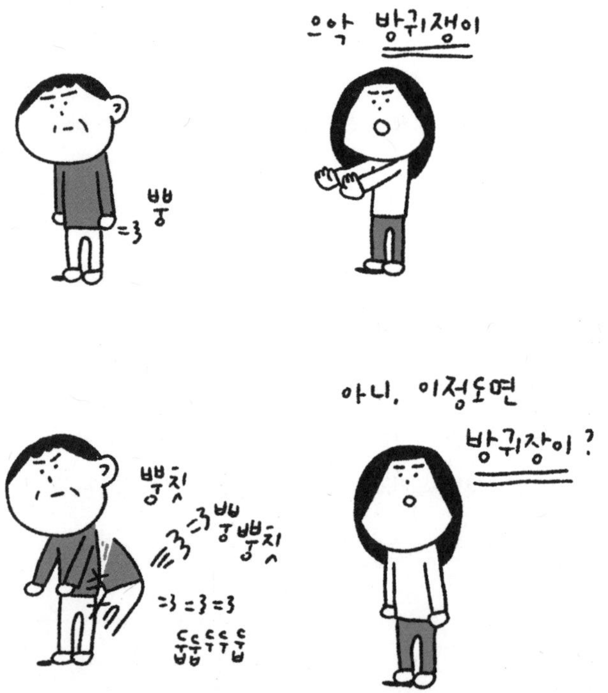
뿡
으악 방귀쟁이
뿡칫
아니, 이정도면
방귀장이?

'장이'는 숙련된 기술이 있어야 한다. 미장이, 유기장이, 대장장이, 땜장이 등이 그 예다. '쟁이'는 '그것이 나타내는 속성을 많이 가진 사람'이다. 멋쟁이, 빚쟁이, 약쟁이, 거짓말쟁이, 방귀쟁이, 풍각風角쟁이가 여기 해당한다.
맨 뒤의 예인 풍각쟁이도 노래나 악기 연주가 필요하니 기술로 볼 수 있겠으나, 기술보다 속성으로 친다.

'멋쟁이'를 제외하고 대개 '쟁이'는 겸양이거나, 상대가 이쪽 편을 낮잡아 부를 때 쓰여왔다는 점을 유의해야 한다. 가령 작가 스스로가 '글쟁이'라고 하면 겸손한 표현이 되지만, 상대가 그렇게 칭하는 건 적절치 않다. 말이 많거나 말을 잘하는 사람을 얕잡아 '말쟁이'라고 부르곤 하는데 아나운서들이 즐겨 쓴다. 그러나 타 직종 종사자가 아나운서를 이렇게 부르면 비례非禮에 해당한다.

은퇴하는 유명 언론인이 스스로 '방송장이'라는 표현을 쓴 적이 있다. 여기서는 맥락으로 보아 자신을 낮추고자 하는 의도로 보이니 '방송쟁이'가 걸맞다.

얼르다?

어? 우리 만복이가 치킨이 먹고 싶다는데?
네가 먹고픈 거면서 그런 식으로 사람 구슬리지 마라!
그리고 똥배에 애칭 붙이지 마. 오해 산다고..
헷

'어린아이를 달래거나 기쁘게 하여주다', '어떤 일을 하도록 사람을 구슬리다'

이 뜻을 가진 동사는 '얼르다'가 아니라 '어르다'다.

용언의 원형과 활용에 평소 유의할 필요가 있다. 한국어는 계통과 형태에 있어 교착어膠着語, 첨가어添加語의 특징을 지닌다. 어근, 원형에 어미, 접사 등이 수시로 들러붙는 언어인 셈이다.

'어르다'는 '어르고/어르지/어르며/어르자/얼러/얼러라' 등으로 활용된다.

엄마가 아기를 어르고 있다
그는 울고 있는 아이를 얼러보았다

바로 이런 점이 어려운 대목이기도 하고, 동시에 한국어의 매력적인 요인이기도 하다.

'어르다'의 뜻풀이에 '구슬리다'가 등장한다. '구슬리다'는 '그

럴듯한 말로 꾀어 마음을 움직이다'라는 뜻이다. '구슬리다'는 '구스르다'로 잘못 쓰지 않도록 조심해야 한다. '구슬리지/구슬리고/구슬려/구슬려라'로 제대로 활용해야 한다. '구슬르지/구슬르고/구슬러/구슬러라'로 쓰지 않게끔 유의하자.

아이의 고집은 아무리 어르고 구슬러도 막무가내였다 (X)
아이의 고집은 아무리 어르고 구슬려도 막무가내였다 (O)

네가 친구를 잘 구슬러봐 (X)
네가 친구를 잘 구슬려봐 (O)

진작에 그이를 그렇게 구슬르지 그랬어 (X)
진작에 그이를 그렇게 구슬리지 그랬어 (O)

반증/
방증

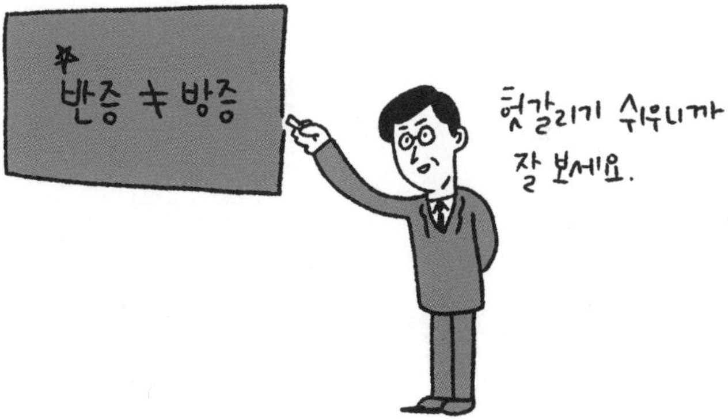

※
반증 ≠ 방증
헷갈리기 쉬우니까
잘 보세요.

반증反證은 어떤 사실이나 주장이 옳지 아니함을 그에 반대되는 근거를 들어 증명함, 또는 그런 증거를 뜻한다. 어떤 사실과 모순되는 것 같지만, 오히려 그것을 증명한다고 볼 수 있는 사실을 의미한다. 반면 방증傍證은 사실을 직접 증명할 수 있는 증거가 되지는 않지만, 주변의 상황을 밝힘으로써 간접적으로 증명에 도움을 줌, 또는 그 증거를 말한다.

'반증'과 '방증'에 대한 국립국어원의 풀이다. 따라서 둘은 배타적이거나 상보적인 것이 아니라, 어떠한 의미를 나타내느냐에 따라 선택적으로 사용할 수 있다.

현실에서는 '반증'을 언제 쓰느냐가 관건이 아닐까 한다. 우선 표현상으로는 '반증' 앞에 '못하다'나 '아니다'(혹은 부정적 진술)가 들어가면 반증이 힘을 받는다. 또한 내용적으로는 앞의 조건이나 전제가 뒤의 진술과 모순되거나 역설적인 관계일 때, 반증이 어울린다.

기부·자선·구호, 이런 테마가 주목받는다는 건, 사회가 그만큼 불평등이 심하다는 반증이라 할 수 있다

독도는 일본 말로 다케시마, 죽도竹島라고 쓴다. 그러나 독도에는 대나무가 자생하지 않는다. 독도가 일본 땅이 아니라는 반증이다

예전의 건조하고 재미없는 아나운서가 차라리 그립다는 건, 요란하고 흥미만 추구하는 방송 풍토에 지쳤다는 반증이다

띄어쓰기와 붙여쓰기

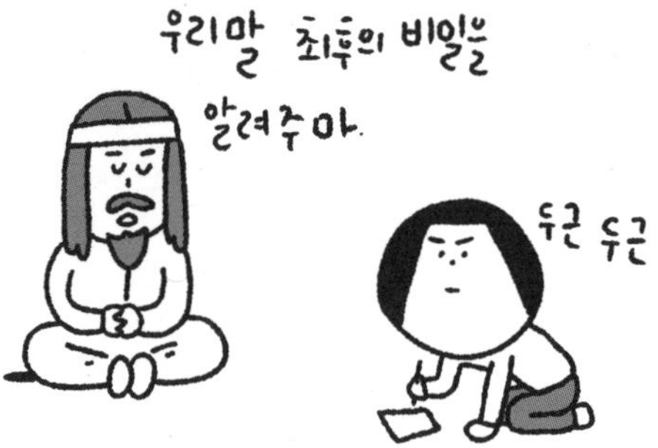
우리말 최후의 비밀을
알려주마.
두근 두근

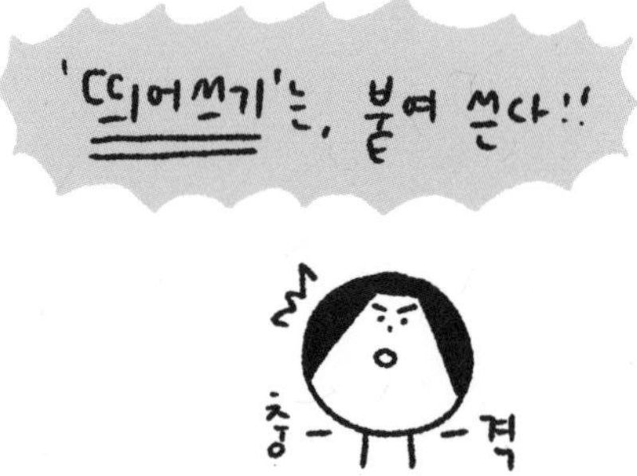
'띄어쓰기'는, 붙여 쓴다!!
충-격

띄어쓰기가 어려운 이유는 자잘한 규칙과 예외가 너무 많기 때문이다. 중요한 몇 가지만 추려본다.

1. 의존명사는 띄어 쓴다. 단, '이것', '그때', '저분'과 같이 의존명사가 앞말에 붙어 굳어진 것은 붙여 쓴다.

이젠 말할 수 있다 | 그이가 떠난 지 오래다 | 노력할 따름이다 | 커피·차 등은 음료이다

2. 조사는 앞말에 붙여 쓴다.

황소같이 일한다 | 너만큼은 한다 | 시청역에서부터 | 밥은커녕 물도 없다

3. 어미는 붙여 쓴다.

임무를 마쳤던바 | 국은 있는데 반찬이 없다 | 얼마나 지났는지

4. 접두사나 접미사는 어간에 붙여 쓴다.

강추위 | 첫인상 | 짓이기다 | 피투성이 | 가부간

5. 단음절로 된 단어가 연이어 나올 때는 붙여 쓸 수 있다.

좀 더 큰 것 = 좀더 큰것 | 이 말 저 말 = 이말 저말

6. 보조용언은 띄어 씀을 원칙으로 하되 붙여 쓸 수 있다.

불이 꺼져 간다(=꺼져간다) | 힘껏 막아 낸다(=막아낸다) | 비가 올 듯하다(=올듯하다) | 그는 아는 체한다(=아는체한다)

7. 복합어는 한 덩어리가 되게 붙여 쓴다. 대개 두 요소로 이루어진 단어 중 쓰임이 아주 많은 경우가 복합어인 경우가 많다.

마음먹다 | 하루빨리 | 못지않다 | 함께하다 | 띄어쓰기

8. 첩어, 또는 첩어에 준하는 말은 붙여 쓴다.

여기저기 | 차례차례 | 하루하루 | 곤드레만드레

대괄호와 소괄호

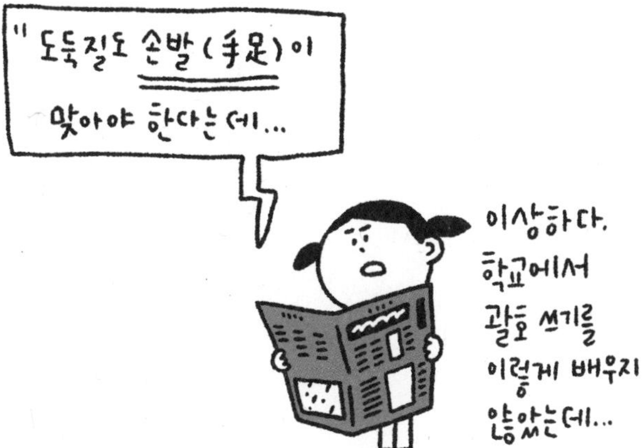
"도둑질도 손발(手足)이 맞아야 한다는데…
이상하다. 학교에서 괄호 쓰기를 이렇게 배우지 않았는데…

손발[手足]

이럴 땐 대괄호[ ]를 써야 한다. 문장부호에 관한 규범이다.

소괄호( )는 우리말 표기와 원어 표기를 아울러 보일 때, 특히 우리말과 원어의 발음이 같은 경우에 쓴다.

기호(嗜好), 자세(姿勢)

한국(韓國), 커피(coffee)

또한 소괄호는 주석이나 보충하는 내용을 덧붙일 때 쓴다.

니체(독일의 철학자)의 말을 빌리면 다음과 같다

2014. 12. 19. (금)

문인화의 대표적 소재인 사군자(매화, 난초, 국화, 대나무)는 고결한 선비 정신을 상징한다

대괄호는 고유어에 대응하는 한자어를 함께 보일 때 쓴다.

나이[年歲] 낱말[單語] 손발[手足]

또 고유어나 한자어에 대응하는 외래어나 외국어 표기임을 나타낼 때도 대괄호를 쓴다.

낱말[word], 문장[sentence], 책[book], 독일[도이칠란트]

자유무역협정[FTA] | 에프티에이(FTA)

국제연합교육과학문화기구[UNESCO] | 유네스코[UNESCO]

국제연합[유엔] | 국제연합[United Nations] | 유엔[United Nations]

02

이 말이
본디 이런
뜻이었나요?

—
잘못
쓰고
있는
표현

구설수

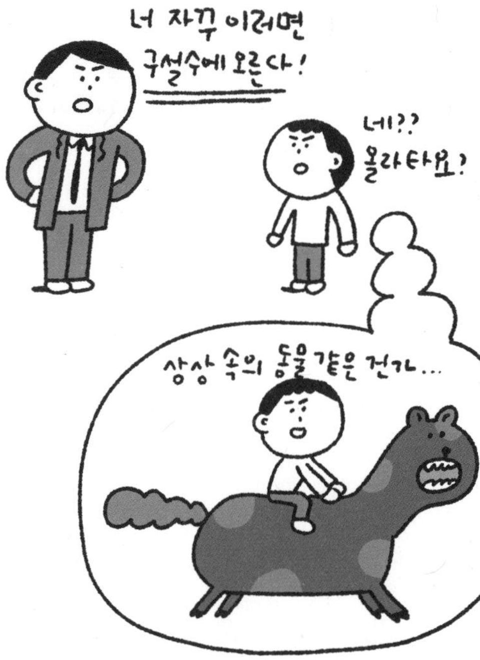
너 자꾸 이러면
구설수에 오른다!
네??
올라타요?
상상 속의 동물 같은 건가...

구설수口舌數는 남과 시비하거나 남에게서 헐뜯는 말을 듣게 될 운수다. 곧, 그렇게 된 상태다. 그래서 오르는 동작, 행위가 될 수는 없다. '구설수가 많다/구설수가 있다/구설수가 들린다' 등으로 써야 옳다.

구설수에 오르다 (X)

구설수가 많다 | 구설수가 있다 | 구설수가 들린다 (O)

'오르다'를 쓰려면 '구설口舌'을 써야 바르다.

구설에 오르다 (O)

구설을 제외한 다른 대안은 '입길에 오르다', '입방아에 오르내리다' 등이다.

비슷한 것으로 '외골수', '외곬'이 있다.
한 곳만 파고드는 사람을 이를 때는 '외골수 기업인'과 같이 '외골수'로 적고, '단 한 곳으로만 트인 길' 또는 '단 하나의 방법이나 방향'이라는 뜻을 나타낼 때는 '외곬'으로 적는다.

난도와
난이도

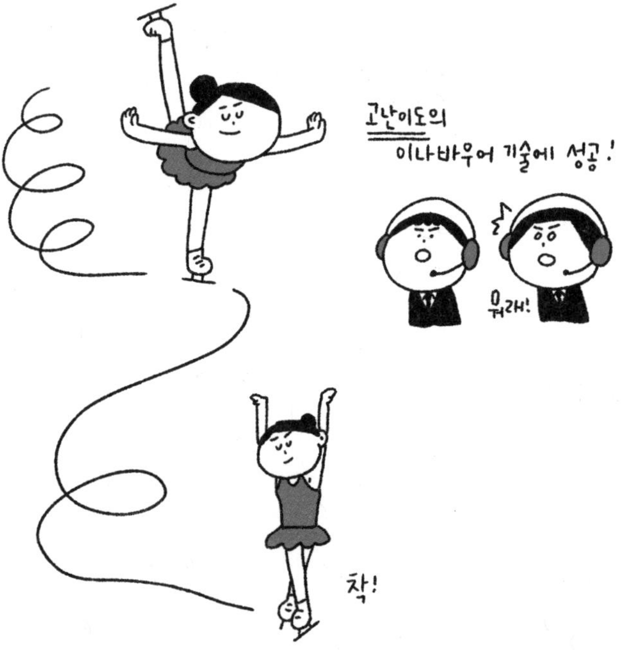
고난이도의
이나바우어 기술에 성공!
뭐래!
착!

'난도難度'는 어려운 정도를 말한다. 난이도難易度는 쉽고 어려움을 모두 포괄한다.
그래서 '난이도'는 '조절하다' '고려하다' 등의 동사와 어울린다.

난도는 '난도가 높다', '난도가 낮다' 식으로 쓰는 것이 걸맞다.

난도가 높다 | 난도가 낮다 (○)

난이도를 조절하다 | 난이도를 고려하다 (○)

봇물을 이룬다고?

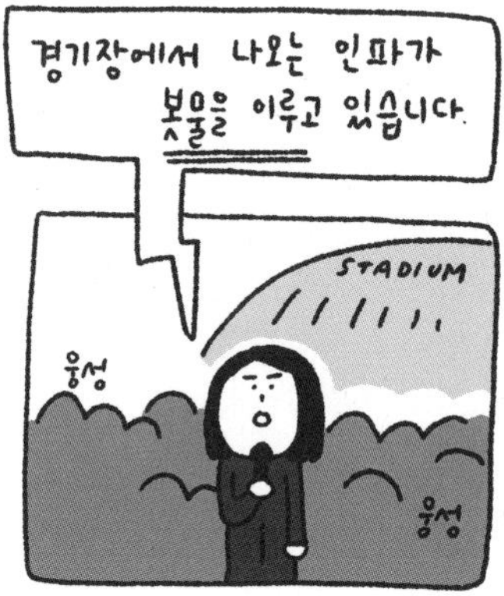

경기장에서 나오는 인파가 봇물을 이루고 있습니다.
STADIUM
웅성
웅성

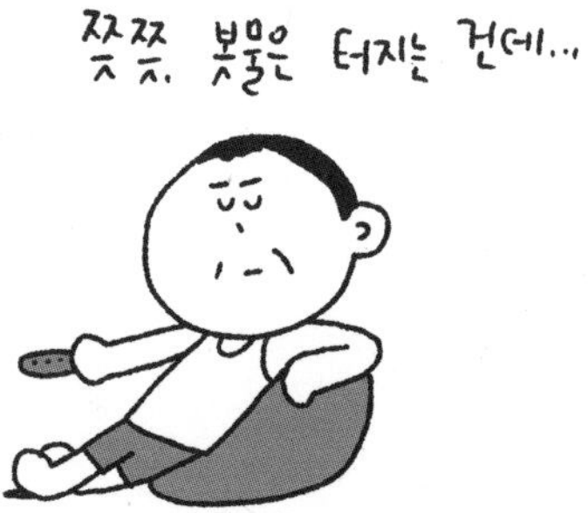

쯧쯧. 봇물은 터지는 건데...

'보'란 무엇인가? 보洑는 농사를 위해 물을 담아두는 데다. 물을 잘 조절하는 것이 관건이다. 터지면 일단 비상사태다. 봇물은 '이루는' 게 아니다. 어디에 다다르거나 뭘 성취하는 것과 무관하다. '봇물이 터지다'만이 비유적 관용표현이다. 그리고 엄밀히 따져볼 때 긍정적이기보다는 부정적인 의미로 써야 원뜻에 맞는다.

봇물 터지듯 투표 인파가 들어오고 있습니다
주체할 수 없는 감동이 마치 봇물 터지듯 다가옵니다

위의 예시는 틀렸다고는 하기 어려우나 적확한 것은 아니다.

적군이 봇물 터지듯 밀려오고 있습니다 (○)
봇물이 터진 듯이 주민들의 원성이 자자합니다 (○)

이런게 '봇물이 터지다'를 제대로 쓴 텍스트다.

'잠그다'의 반대말

"수출 규제 잠갔다 풀었다. 일본 '수도꼭지 전략'"

어느 신문의 1면 머리기사 제목이다.

잠그다/풀다가 정확히 반대 개념일까? 일상 말하기에서는 어느 정도 용인되지만 신문 등 활자매체에서 이러면 곤란하다. 대상은 수도꼭지. 수도꼭지는 틀거나 잠그는 것이다. '풀다'의 정확한 대척은 '조이다/죄다'다.
덧붙이면, '규제'를 수도꼭지에 비유한 것 자체가 어색하다. 규제란 억누르고 차단된 상태다. 수도꼭지는 그것과 결이 다르다. 그저 평온한 생활 사물로, 억압된 상황에 걸맞지 않다.

가장 적절한 건, '고삐'다. 고삐야말로 억지력 개념이 탑재되는 사물이다. 일본이 수출 규제를 두고 장난쳤던 행위는 '고삐를 조이다(죄다)/풀다'의 메타포가 적절하다.

굴삭기?

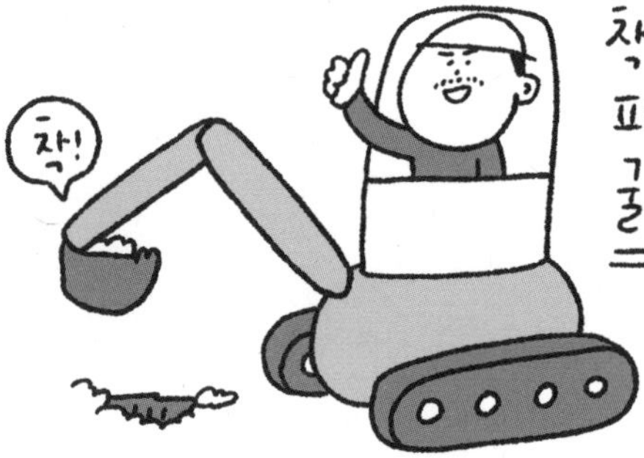

착!
착!하고
파니까
굴착기

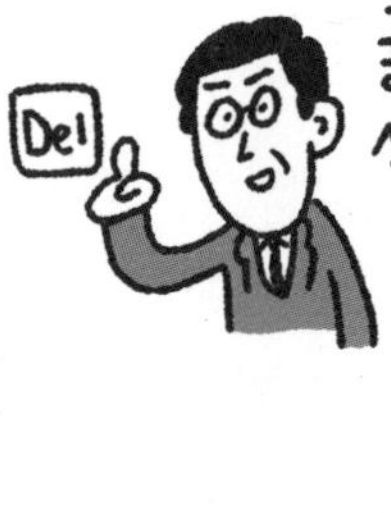

Del
굴삭기는 이만
삭제해 줍시다!

결론부터 말하면 굴착기掘鑿機가 맞는다. 이 중기계는 어디까지나 뚫고 파는 것이 이유이자 목적이다. 그러므로 굴착기다. 삭削은 '깎다'의 의미다. 기계의 본 기능이라 할 수 없다. 그런데 중기법重機法 등 관련 법규에는 '굴삭기'로 되어 있으며 현장 근무자들도 '굴삭기'를 여전히 많이 쓴다.

왜일까? 이 말이 일본 말에서 유래됐고, 법규 역시 일본 법률을 따왔기 때문이다. 일본 어문 법령에는 상용한자常用漢字라는 게 있다. 말 그대로 일상에서 주로 쓰는 한자로 1,945개를 추렸다. '착鑿'이 복잡하니 당연히 그 범주에 없었고, 대신 음音이 [さく, 사쿠]로 같고 의미도 얼추 가까운 '삭削'을 거기다 넣은 것. 그래서 '굴삭기'가 탄생했고, 그걸 부끄럽게도 우리가 따라 한 꼴이다.

굴삭기, 이제는 버릴 때가 됐다. 굴착기로 바로 세워보자. 참고로 해당 영어인 포클레인poclain은 원래 제품명이었으나 이제 보통명사가 되었다.

세상 밖으로?

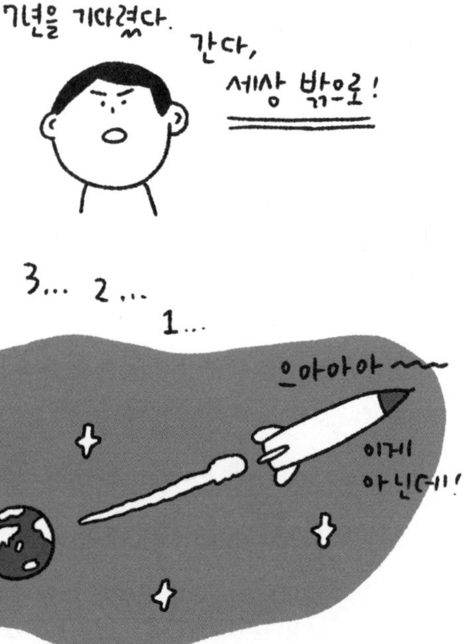

7년을 기다렸다.
간다,
세상 밖으로!
3... 2... 1...
으아아아~~~
이게 아닌데!

감옥에서 형기를 마치고 나와 자유를 얻은 시민, 혹은 오랜 병치레나 장애 문제, 자발적 은둔 등으로 바깥세상 경험을 못하던 이가 비로소 태양과 구름과 비를 마주할 때, 흔히 '세상 밖으로 나오다/나온다/나왔다'라고 한다. 이 표현은 과거 어느 시점에 기자나 방송 작가가 쓴 비유적 표현이 퍼진 게 아닌가 짐작한다. 그러나 '세상'을 일그러진 대상으로 본 출발부터 잘못되었다. '세상' 자체를 기본값으로 봐야 긍정적이고, 일반적 통념에도 맞는다. 사람들이 자유롭게 삶을 누리고 법과 질서가 제대로 돌아가는 사회 시스템, 그런 세상. 이제 죄인도 장애인도 병자도 은둔자도 그 세상 '안으로' 들어가 살아야 할 것 아니겠는가? '세상 밖으로 나간다'고? 그것은 '적응'이 아니고 '일탈'이다. 범법을 계획하거나, 공간의 범위를 넓히면 지구 또는 태양계를 떠나겠다는 얘기다. 그 뜻이 아니라면 '세상 속으로'로 바루어야• 마땅하다.

• 바루다 : 비뚤어지거나 구부러지지 않도록 바르게 하다. (=바로잡다.)

옥석구분?

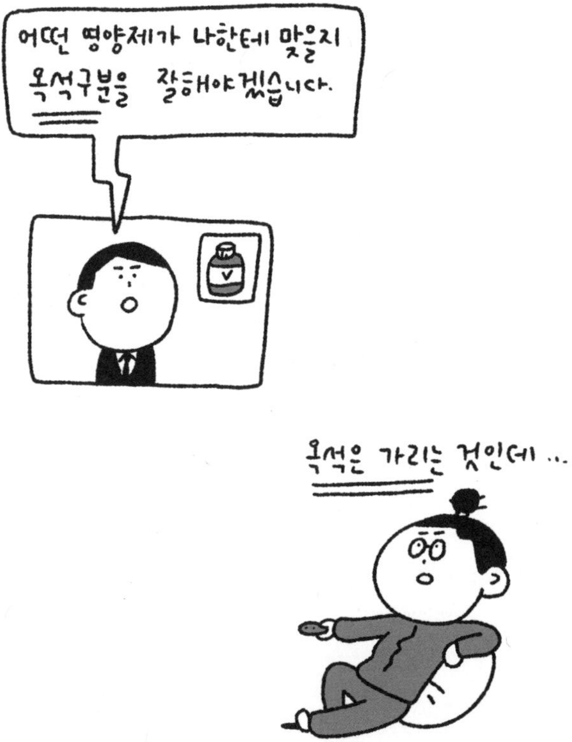
어떤 영양제가 나한테 맞을지
옥석구분을 잘해야겠습니다.
옥석은 가리는 것인데...

"주식 종목, 옥석구분이 힘들다."
"개봉하는 영화가 많아 옥석구분이 어렵다."

위와 같은 표현이 흔히 쓰이는 걸 보면, 많은 사람들이 옥석玉石 구분區分으로 알고 있는 듯하다. 옥석은 구분區分할 수 없다. '옥석구분'은 전혀 다른 뜻이다.

이는 중국 고서 서경書經에 나오는 말로, 이때의 옥석구분 玉石은 옥과 석을 구분한다는 게 아니라, 옥이든 돌이든 모두(구, 俱), 불태운다(분, 焚)는 의미다. 곧, 착하고 옳은 사람이나 나쁘고 그릇된 사람이나 다 재앙을 받는다는 뜻이다.
그러므로 좋은 것과 나쁜 것을 가린다는 의미를 표현할 땐 '옥석을 구분하다'가 아니라 '옥석을 가린다'라고 하면 된다.

주식 종목, 옥석구분이 힘들다 (X)
주식 종목, 옥석을 가리기가 힘들다 (O)

개봉하는 영화가 많아 옥석구분이 어렵다 (X)
개봉하는 영화가 많아 옥석을 가리기가 어렵다 (O)

유명세

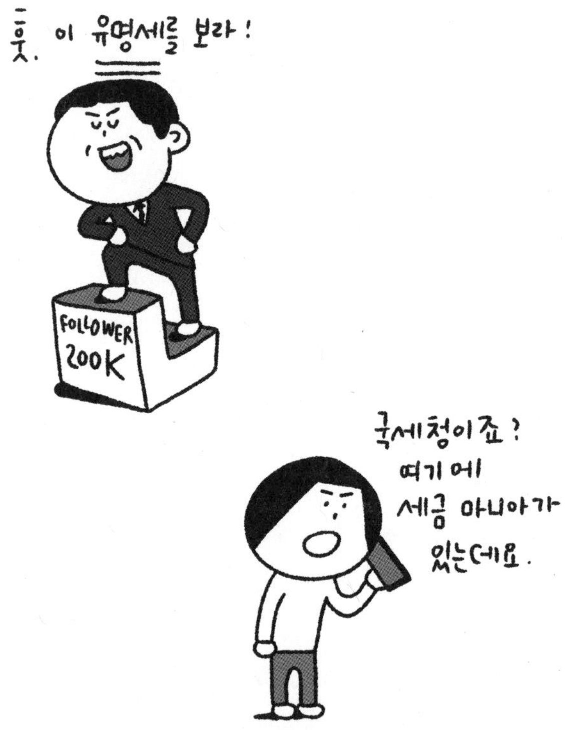
훗. 이 유명세를 보라!
FOLLOWER 200K
국세청이죠? 여기에 세금 마니아가 있는데요.

유명세는 有名稅다. 有名勢가 아니다. 유명해서 생기는 기세가 아니라, 유명해서 치르는 불편, 부담 등을 세금에 빗댄 것이다. 따라서 유명세 다음에 '타다', '얻다' 등은 올 수 없다. 유명세는 '치르는' 것이다.

유명세를 얻다 (X) | 유명세를 타다 (X)

유명세를 치르다 (O)

일파만파를 낳다?

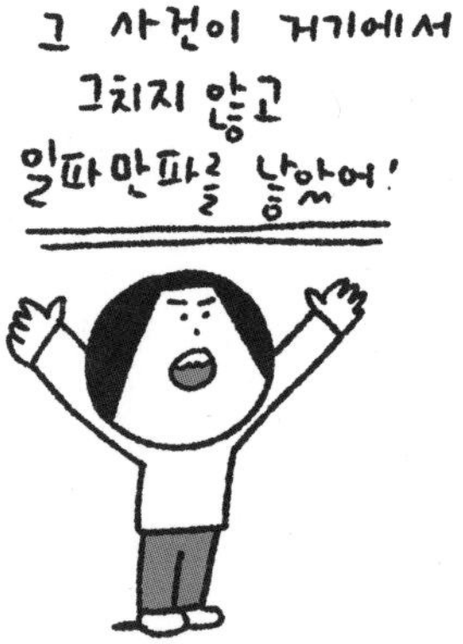
그 사건이 거기에서
그치지 않고
일파만파를 낳았어!

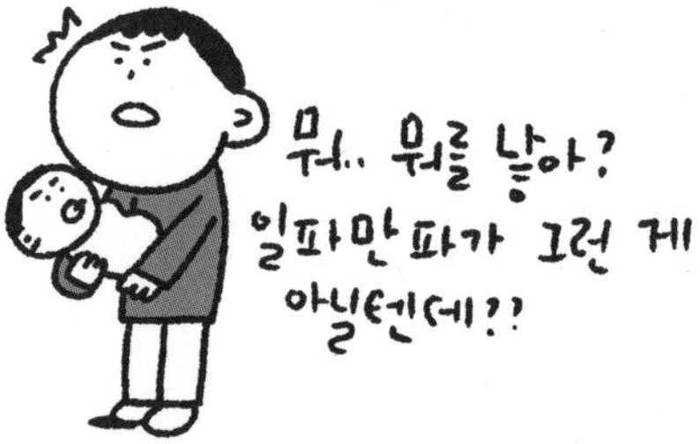
뭐.. 뭐를 낳아?
일파만파가 그런 게
아닐텐데??

일파만파一波萬波는 하나의 물결이 연쇄적으로 많은 물결을 일으킨다는 뜻으로, 잇따라 일어나는 사건의 비유로 많이 쓰인다. 말하자면 연결, 진행, 과정이다. 상태, 완료, 종결이 아니다. '낳다'는 후자에 가까우므로 여기에선 어색하다. 물론 명사지만 부사어 형태로 이음, 연결, 확장의 분위기를 풍겨야 자연스럽다.

'일파만파(로) 번지다', '일파만파(로) 퍼지다' 혹은 '일파만파다'로 맺음말 형태로 쓰는 게 낫다.

일파만파를 낳다 (X)

일파만파(로) 번지다 | 일파만파(로) 퍼지다 | 일파만파다 (○)

겹치는 말

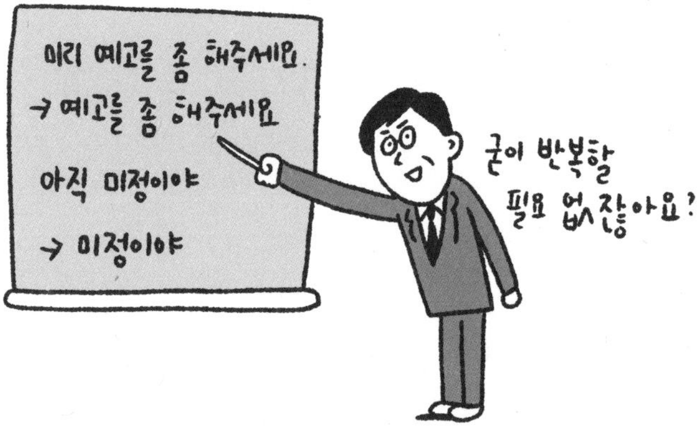

미리 예고를 좀 해주세요.
→ 예고를 좀 해주세요
아직 미정이야
→ 미정이야
굳이 반복할 필요 없잖아요?

'깊은 숙고熟考'는 겹치는 말이다. 숙熟이 '깊다'는 의미이므로 숙고는 곧 깊게 생각한다는 말이다. '깊은 생각'이면 족하다. 유사한 예를 몇 개 더 추리면 아래와 같다.

약 ○○ 곳 정도 ⇒ 약 ○○ 곳, 또는 ○○ 곳 정도

'약'에 정도의 의미가 담겨 있다. 둘 중 하나는 빼야 한다.

오래된 숙원 ⇒ 오래된 염원

숙宿에 '오래되다'의 의미가 있다.

검정색 ⇒ 검은색

'검정' 자체가 검은 빛깔이다. 색은 군더더기다. 노랑, 파랑, 빨강도 마찬가지다.

미리 예고 ⇒ 예고

예豫가 '미리'의 뜻이다.

아직 미정 ⇒ 미정

미未가 '아직'의 뜻이다.

여러 분들 ⇒ 여러분

'여러'에 복수의 의미가 담겨 있어 '들'이 불필요하다.

머리가 하얗게 세다 ⇒ 머리가 세다

'세다'에 '하얗게 되다'의 의미가 이미 들어 있다.

이 밖에도 '아직 미지수', '근거 없는 낭설', '방학 기간 동안', '불조심 유의', '결실을 맺다', '격세지감을 느끼다', '수혜를 받다', '피해를 입다', '미리 예상하다', '갑자기 졸도하다', '푸른 창공', '~를(을) 타고 있던 승객' 등이 의미가 중복되는 사례다.

아직 미지수 ⇒ 미지수 | 근거 없는 낭설 ⇒ 낭설 | 방학 기간 동안 ⇒ 방학 동안 | 불조심 유의 ⇒ 불조심(화재 유의) | 결실을 맺다 ⇒ 결실을 보다 | 격세지감을 느끼다 ⇒ 격세지감이다(격세지감이 들다) | 수혜를 받다 ⇒ 혜택을 받다 | 피해를 입다 ⇒ 피해를 보다 | 미리 예상하다 ⇒ 예상하다 | 갑자기 졸도하다 ⇒ 졸도하다 | 푸른 창공 ⇒ 창공(푸른 하늘) | —를(을) 타고 있던 승객 ⇒ —를(을) 타고 있던 손님

진위 여부

진위 여부를 가리기가
어려울 전망입니다.
진
위
여
부
true yes
false yes
true no
false no
이러니
어렵지..

여부與否는 '그러함과 그러하지 아니함'으로 사전에서 풀이하는데 막상 쓸 때는 헛갈린다. 차라리 이렇게 여기는 게 좋다. '인지, 아닌지' 혹은 '했는지, 안 했는지.'

근무시간 내 코인 거래 여부

⇒ 근무시간에 코인 사고팔기를 했는지 안 했는지

부당한 협박으로 볼 수 있느냐 여부

⇒ 협박인지 아닌지

'여부' 앞에는 원칙적으로 상반성相反性을 함께 지닌 단어를 놓으면 안 된다. 대표적인 게 '진위眞僞'다. 진위에는 '인지, 아닌지' '그런지, 안 그런지'가 다 들어 있어서 여부는 불필요하게 되는 것이다. 그래서 '진실 여부' 혹은 그냥 '진위'만 쓰면 된다. 마찬가지 이유로 '개폐開閉/성패成敗/존폐存廢/상벌賞罰/안위安危/미추美醜' 등은 여부와 같이 쓸 수 없다.

진위 여부 ⇒ 진실 여부, 진위 | 개폐 여부 ⇒ 개폐

성패 여부 ⇒ 성패 | 존폐 여부 ⇒ 존폐 | 상벌 여부 ⇒ 상벌

안위 여부 ⇒ 안위 | 미추 여부 ⇒ 미추

이와 비슷한 듯 다른 것이 유무有無다. 유무는 말 그대로 '있느냐 없느냐'다. '이 물질의 독성毒性 유무', '당시 사건의 위법성 유무', '시민의 참정권 유무', '관련 인물들의 상속권 유무' 등이 그 예다.

회자

너 동창회에서
아직도 회자되더라.
아니, 다들 그렇게
나를 못 잊고!
어떻게 잊겠어.
5학년 때 네가
수업시간에 똥을
그만!!
한 바가지..
엉엉
인생의
오점...

신문, 방송에서 아직도 많이 틀린다.

회자膾炙는 '회와 구운 고기'라는 뜻으로, 칭찬을 받으며 사람의 입에 자주 오르내림을 이르는 말이다.

인구에 회자되다, 혹은 사자성어 '인구회자人口膾炙'로도 활용된다. 단, 긍정의 의미로만 쓰인다. 예컨대 "알 카포네는 전설적인 미국 시카고의 마피아 두목으로 여태 회자되고 있다." "경기 중 상대 선수를 깨물어 '핵 이빨'이란 별명으로 회자되는 우루과이 축구팀의 수아레스." 이런 경우는 '회자'를 잘못 사용한 경우다.
부정의 의미일 때는 '입길에 오르다', '구설수가 있다', '구설에 오르다' 등이 대안이다.

휘발성

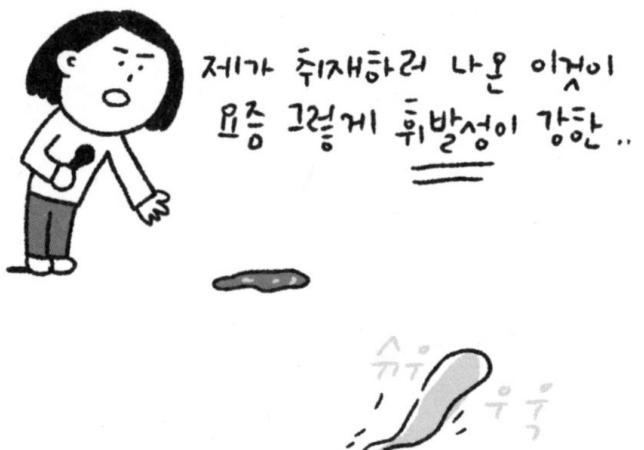

제가 취재하러 나온 이것이
요즘 그렇게 휘발성이 강한 ..
어??

방송진행자, 기자, 앵커, 시사평론가 들이 자주 틀리는 표현으로 '휘발성'이 있다.

"굉장히 휘발성이 높은, 그런 주제라는 거죠."

어떤 사안이 앞으로도 계속 이슈가 되고 확장적으로 전개될 가능성이 높을 때 흔히들 쓴다. 휘발성에 대한 착각, 오해, 무지다.

휘발揮發의 본뜻을 고민하지 않고, 뭔가 열과 빛이 나는 연소 작용으로 인식해서 발생한 오류인 듯하다.
휘발은 액체가 기체로 되어 날아 흩어지는 현상이다. 곧 금세 사라져 없어지는 게 휘발이므로, 오히려 의도와는 반대되는 의미로 전해질 수 있다.

'폭발력이 센(강한) 주제', '폭발 가능성이 큰 주제', '발화發火 가능성이 높은 주제', '가연성可燃性(인화성引火性)이 상당한 주제' 등으로 바루도록 하자.

동물과 식물의 의미

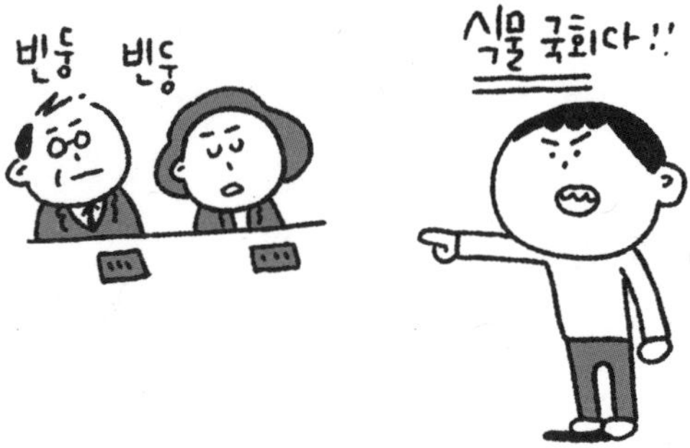
빈둥 빈둥
식물 국회다!!

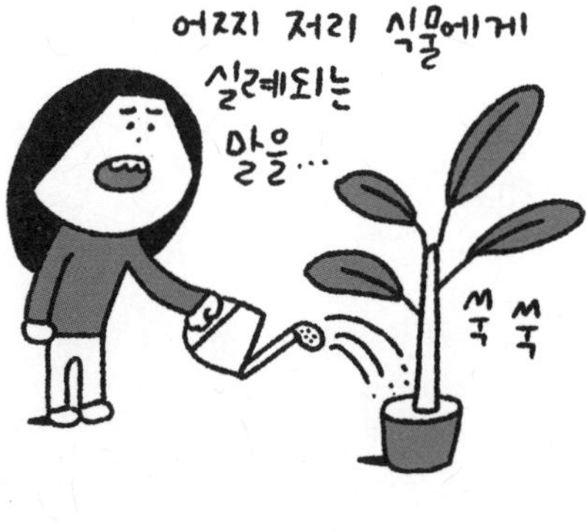
어찌 저리 식물에게 실례되는 말을…
쑥 쑥

종종 '동물 국회'라는 표현을 쓰는 것을 본다. 동물은 그렇게 싸우지 않는다. 서로 욕하고 싸우고, 심지어 광기狂氣마저 번득이는 장면은 오롯이 인간의 것이지, 동물의 것이 아니다. 동물은 번식 아니면 생존, 두 지점에서만 치열하고 위엄 있게 겨루며 패자는 깨끗이 승복하고 물러난다. 그러니 동물을 모욕하지 말라!

반려견, 반려묘를 비롯한 사랑스러운 동물을 여의도 저질 국회의원들과 어찌 비교, 평가하는가. 이럴 때, 우리 윗세대들이 얼추 적절한 표현을 썼다. "저런 금수禽獸보다 못한 자者들!"

그런데 이것도 좀 따지고 들면 이렇다. 금禽은 날짐승이요, 수獸는 들짐승이다. 그러니 구체성을 띠려면, 차라리 포식동물로 한정해 '야수野獸 국회' 내지는 '짐승 국회'라고 하는 것이 어떨까 한다. 아니면, 단순하게 그냥 '폭력 국회'라고 하든가. 국회가 일을 안 하면 '식물 국회'란 표현도 등장하는데 이 또한 어림없긴 마찬가지다. 식물은 티 나지 않게 묵묵히 생장生長하는 존재다. 자기 할 일을 의연하게 수행한다. 식물이 듣기라도 하면 기분 나빠 하고도 남을 말이다. 식물은 오늘도 분을 삭이고 있다!

굉장히

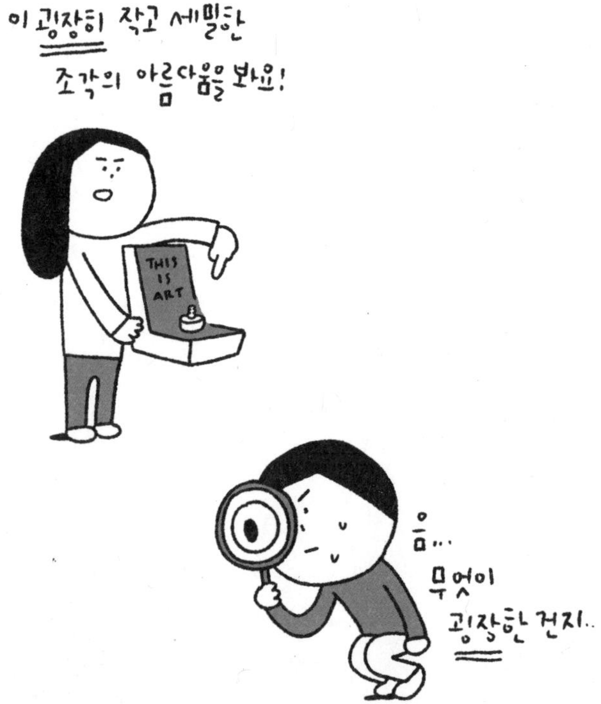
이 굉장히 작고 세밀한
조각의 아름다움을 봐요!
THIS IS ART
음…
무엇이
굉장한 건지..

'굉장하다'의 '굉장'은 한자로 '宏壯'이다. '넓고 크고 굳세고 웅장하다'라는 의미로, 쓰임이 제한적이다. 규모나 성질 면에서 크고 많고 높고 무겁고 엄청날 때만 '굉장하다'를 쓰는 것이 옳다. 부사 '굉장히'를 쓸 때도 같은 맥락이다. 그런데 습관적으로 'very' 대용으로 매우 빈번히 오용되고 있다.

'굉장히 좋다', '굉장히 예쁘다', '굉장히 귀엽다', '굉장히 조그맣다', '굉장히 기쁘다', '굉장히 슬프다', '굉장히 미묘하다', '굉장히 감격스럽다'. 이러면 강조하려던 문장이 오히려 이상해진다. 다양한 부사들을 사용해 표현하는 연습을 해보는 건 어떨까. 이 내용은 뒤에서 다시 한번 다뤄보겠다.

희귀암?

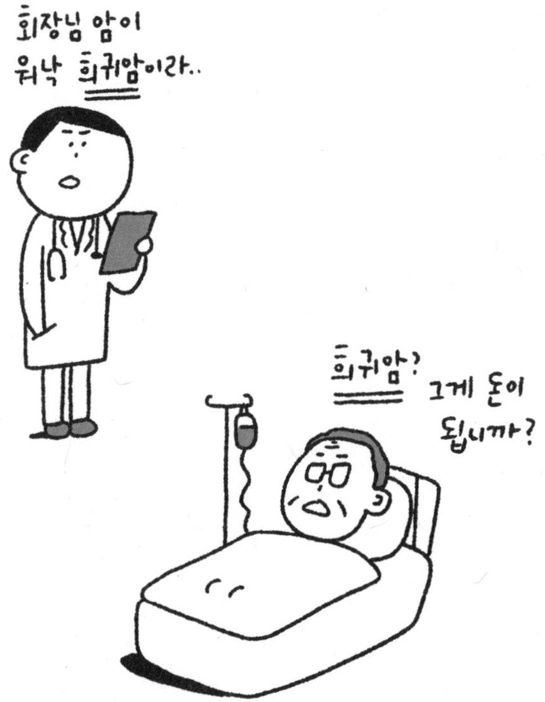

회장님 암이
워낙 희귀암이라..
희귀암? 그게 돈이
됩니까?

"인공유방 보형물 이식 후 희귀암… 국내 첫 환자"

뉴스 제목에 의구심이 생겨 검색해보니 거의 모든 언론이 '희귀암'으로 쓰고 있다. 그러나 '희소암'이 더 설득적이다. 귀한 암은 없다! 희귀稀貴는 어디까지나 '드물어서 귀하고 가치 있는 것'이다.

수년 전부터 희귀병은 희소병으로 대체돼 자리 잡아가고 있다. 고려대한국어사전은 '매우 드물어서 쉽게 걸리지 않는 병'으로 희소병을 정의하고, 희귀병도 관습을 존중해 아직까지 병기한다.

문제는 '우리말샘'에서는 '희귀병'에 미련을 둔 채 '매우 드물어서 쉽게 걸리지 않는 병'으로 정의해놓고, 희소병은 '매우 드물어서 치료법이 개발되지 못한 병'으로 마치 의미가 구분되는 양 풀이하고 있다는 점이다.

그럼, '매우 드물어 쉽게 걸리지 않으며 치료법이 없는 병'은 뭐라 부를 참인가? '매우 드물고 적음'이란 희소稀少, 본래 의미로

겸허히 돌아가 희소병, 하나로 통일시키는 게 대승적이다. 같은 맥락에서 희귀암도 어서 희소암으로 바꾸어야 한다.
'희귀'는 희귀한 작품, 희귀한 인물, 희귀한 전시 등 걸맞은 예에다 맡기고 말이다.

바라겠습니다?

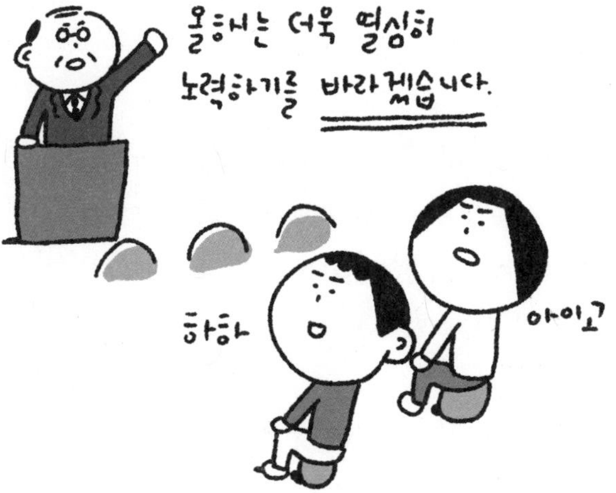
올해는 더욱 열심히
노력하기를 바라겠습니다.
하하
아이고

뜨거운 응원, 바라겠습니다 ⇒ 뜨거운 응원, 바랍니다

많이 참석해주시길 바라겠습니다 ⇒ 많이 참석해주시길 바랍니다

부지불식간에 많이 쓰는 '바라겠습니다'는 틀린 말이다. '바랍니다'가 맞는다.

동사 '바라다'는 그 자체에 '미래', '희망'을 담고 있다. 그래서 미래, 추측을 뜻하는 어미 '겠'과 중첩된다. 같은 맥락으로 '기대하겠습니다', '시작하겠습니다'보다 '기대합니다', '시작합니다'가 더 세련된 표현이다.

'바랍니다' 대신 '바라겠습니다'를 자주 쓰게 되는 언중言衆의 처지를 이해 못할 바도 아니다.
'바랍'의 'ㅏ' 모음은 입을 가장 크게 벌린 상태로 혀가 맨 아래 자리에 위치한다. 그러나 다음에 오는 '니'의 모음 'ㅣ'는 혀끝이 가장 들린 상태로, 단번에 올리기가 쉽지 않은 까닭이다. 그래서 그 중간쯤 위치하는 'ㅔ'가 들어 있는 미래형 어미 '겠'을 찾고자 하는 욕구가 발현되리라는 추측이 가능하다. 그러나 유감스럽게도 발음의 편의가 올바른 어법을 제칠 수는 없다.

차제에 일러두면 모든 '바람'은 '바람'이다. 부는 바람도 '바람', 외간남녀外簡男女에게 몸과 마음을 뺏기는 것도 물론 바람, 그리고 '바라다'의 명사형 역시 '바램'이 아니라 '바람'이다.

행복하고 싶어요?

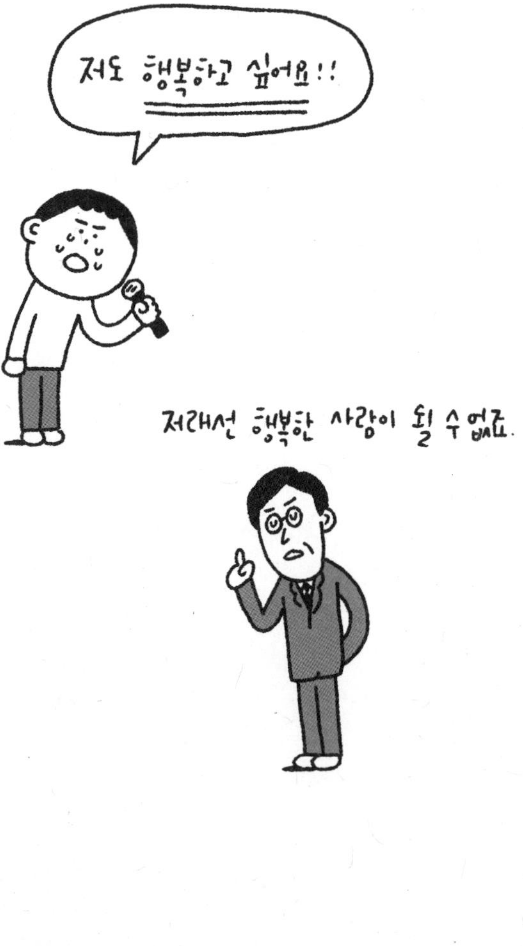
저도 행복하고 싶어요!!
저래선 행복한 사람이 될 수 없죠.

어느 은행 광고에 나온 “꾸준히 행복하고 싶어요”는 어법에 안 맞는 비문非文이다.

‘-고 싶어요’ 앞에는 동사나 동사형이 와야 마땅하다.

‘먹고 싶어요’, ‘사고 싶어요’, ‘만들고 싶어요’, ‘사랑하고 싶어요’는 자연스럽다. 왜냐하면 ‘먹다’, ‘사다’, ‘만들다’가 동사이기 때문이다. 극명한 예로 ‘젊고 싶어요’는 안 되고, ‘늙고 싶어요’는 가능한 것이다. ‘젊다’는 형용사고 ‘늙다’는 동사이기에 그렇다. 상식적으로도 세월을 거슬러 젊을 수는 없는 일 아니겠는가? 물론 그러고 싶지만 말이다.

‘예쁘고 싶어요’, ‘못되고 싶어요’는 이상하다. 형용사이기 때문에 그렇다. 대안은 있다. 동사적으로 만들면 된다. ‘행복해지고 싶어요’, ‘젊어지고 싶어요’, ‘예뻐지고 싶어요’는 가능하다.

좋은 하루 되세요?

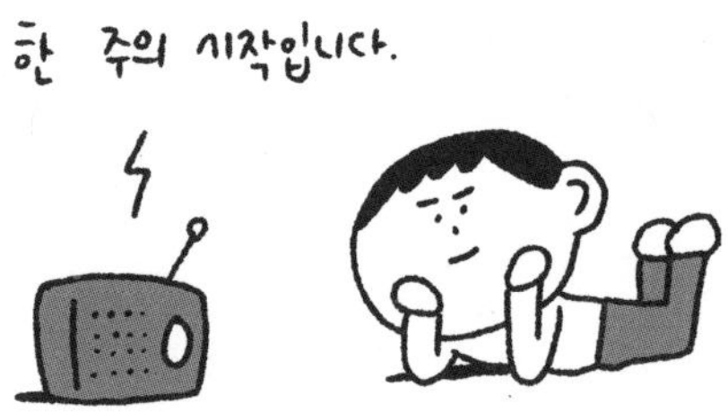
한 주의 시작입니다.

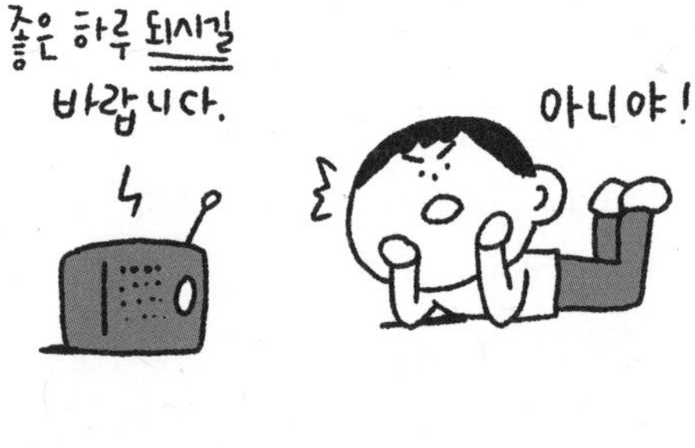
좋은 하루 되시길
바랍니다.
아니야!

'사람'이 '하루'가 될 수는 없는 노릇이다. 인간이 아무리 만물의 영장이라지만 아침부터 저녁까지의 '시간'으로 변형하는 건 어림없는 일이며 어법에 안 맞는 말이다. 그런 뜻이 전혀 아니라고 할지 몰라도 결과적으로 이상한 말을 한 셈이다. 이것도 따지고 보면 그저 대충, 빨리, 쉽게 마무리 말을 하려다 나온 것이리라.

우리 인사법은 상당히 구체적이고 다양하다. 이왕 인사를 하게 되면 정중하고 내용이 있는 게 좋다. 아침이라면 '활기찬', '힘찬', '보람 있는', '즐거운' 등을, 오후라면 '편안한', '넉넉한', 밤 시간이라면 '포근한', '아늑한' 등을 앞에 두고 '보내세요', '맞이하세요', '이어가세요' 등으로 마무리하는 것이 적당하다.

월요일 오전이면 "한 주의 시작입니다. 건강하고 활기찬 한 주 맞으시기(보내시기) 바랍니다" 같은 표현이 좋다. 금요일 오후라면 "즐겁고 유쾌한 주말 보내세요(맞이하세요)" 등이 바람직하다.

진심을 다합니다?

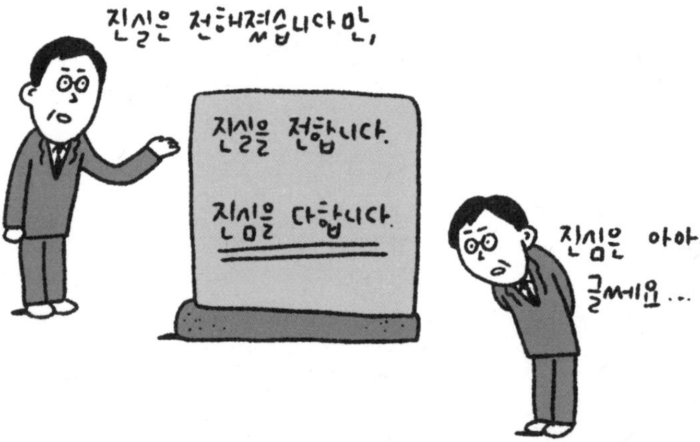

진실은 전해졌습니다만,
진실을 전합니다.
진심을 다합니다.
진심은 아아…
글쎄요…

'진심을 다합니다'는 생각해볼 문제다. 흔히들 이렇게 많이 쓴다. 그러나 정밀한 말은 아니다.

'다하다'는 시간, 힘 따위를 들이거나 쏟는 것이다. 그러니 '정성', '최선' 등이 앞에 와야 어울린다. 진심眞心은 '거짓 없는 참된 마음'이다. 이건 여부與否, 유무有無를 나타내는 상태이지 무언가를 연마하고 경주하는 동작이 아니다. 진심을 쓰려면 '담습니다' 정도가 걸맞고, '다하다'를 쓰고는 싶은데 '정성', '최선'이 맘에 안 든다면 '전심全心을 다합니다'가 목표한 의미에 부합하는 대안이다. 예전엔 '전심'을 제대로 자주 썼는데 요즘엔 드물어졌다. 하도 진심, 진심 하다 보니 전심마저 진심으로 잘못 보거나 무턱대고 진심만 쓰고 보는 건 아닌지 안타깝다.

전심은 말 그대로 '온 마음'이다. '온 마음을 다한다', 근사하지 않은가.

자정

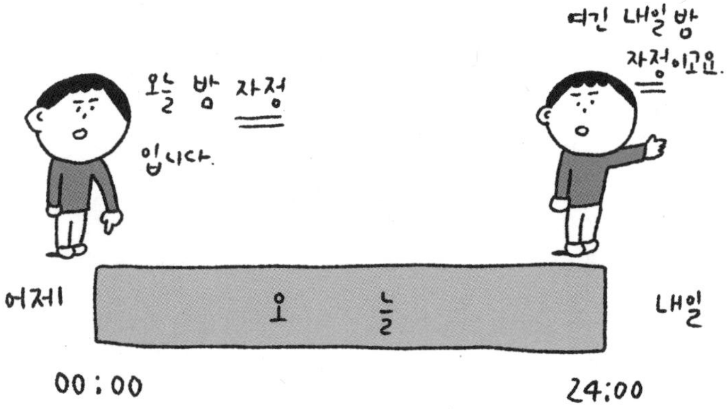
오늘 밤 자정
입니다.
여긴 내일 밤
자정이고요.
어제
오 늘
내일
00:00
24:00

자정子正을 어떻게 할 것인가.

뉴스에서 '자정'을 잘못 쓰는 경우가 너무 많다. 예컨대 20일 밤 8시에 "우리 시각 오늘 밤 자정 한미 정상회담이 열립니다" 하면 오류다.

자정을 한밤중으로 생각해 하루를 마무리 짓는 즈음으로 여기는데 잘못이다. 자정은 하루의 시작이다. 즉 0시다. 십이간지十二干支에서도 자시子時가 23시~01시로 제일 먼저 나오지 않던가. 정正도 시작이란 의미다.

앵커가 말하는 오늘 밤 자정은 20시간 이상 지난 시점이 되고 만다. 사실 20일 자정은 그 전날인 19일 밤 24시와 겹치는 시각인 것이다. 그러면 "내일 밤 자정 회담이 열립니다"가 옳겠지만, 그러면 또다시 시청자는 헷갈린다.

따라서 이럴 땐, "우리 시각 오늘 밤 12시, 한미 정상회담이 열립니다"로 하는 게 정확한 의미 전달에 용이하다.

첩첩산중과
점입가경

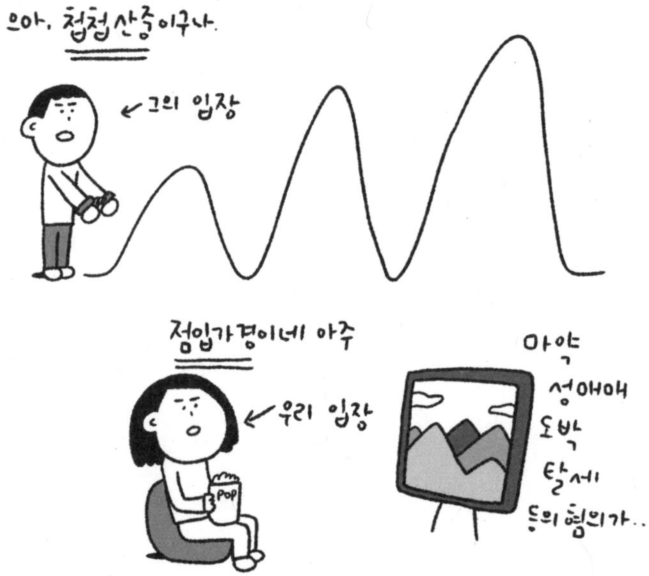
으아, 첩첩산중이구나.
←그의 입장
점입가경이네 아주
←우리 입장
마약
성매매
도박
탈세
등의 혐의가..

"가수 ○○○가 불법 촬영물 유포 혐의로 추가 입건됐습니다. 성매매 알선 혐의도 실체가 드러나고 있는데요. 여기에 횡령·배임·탈세 혐의까지 첩첩산중입니다. 더구나 앞선 해명들 역시 거짓말로 탄로 나고 있습니다. ○○○ 기자의 보도입니다."

첩첩산중疊疊山中은 산세가 더 깊어진다는 뜻이다. 하려는 일이 더 막히고 어려워지고 가능성이 작아질 때 쓰는 표현이다.

부장 결재도 받아야 하고, 국장도 설득해야 하고, 사장의 최종 판단도 기다려야 하니 첩첩산중일세 (○)

점입가경漸入佳境은 "가면 갈수록 경치景致가 더해지다"라는 의미로, 보통 어떤 일·사건·상황이 더 보태지거나 심각해지거나 흥미로워지거나 할 때 비유적으로 쓰인다.

가수 ○○○ 사건은 당사자 입장에서는 '첩첩산중'이지만, 국민·시청자 입장에서는 비록 혀를 끌끌 차기는 하겠으나 '점입가경'이 어울린다.

지켜본다고?

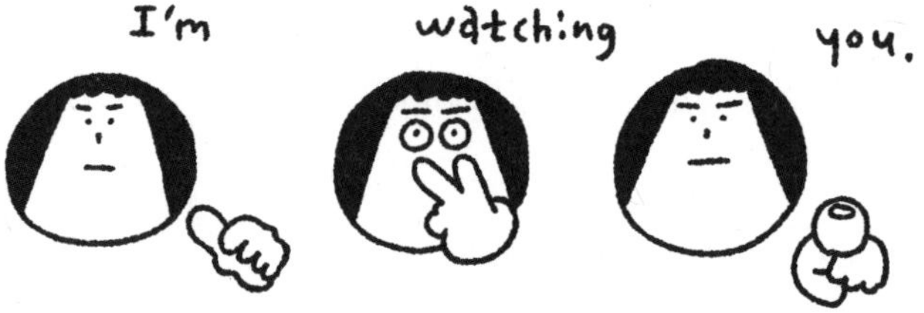

I'm
watching
you.

"지켜보겠습니다"

뉴스 진행자나 시사 프로그램 MC가 클로징 멘트를 할 때, 곧잘 쓰는 표현이다. 사전적 의미로는 "주의를 기울여 살펴보다"로, 별문제가 없어 보인다. 그러나 말이란 상대적이며 특유의 분위기와 뉘앙스가 있다. 거기다 방송국이라는 공간은 언어 예절이 비교적 엄격히 작동되는 곳이다. 시청자가 보고 배우고 따라 할 여지가 많기 때문이다.

"네가 앞으로 어떻게 하는지 지켜볼 거야" 학생 때, 선생님께서 많이 해주시던 말이다. 대개 학생 누군가가 잘못을 하고 난 후 용서해줄 때 쓰셨다. 관용적인 쓰임이며 제대로 된 사례다.

지켜보겠다는 건 윗사람이 아랫사람에게 써야 어울린다. 혹은 잘못이 없는 당당한 사람이 일견 어수룩하고 모자란 사람을 대하며 사용해야 대체로 걸맞다. 우리 언어 정서가 그렇다.

뉴스 진행자들이 매사에 그렇게 당당한 사람들인가? 고위 공무원이나 기업 관계자들은 앵커 앞에서 독 안에 든 쥐 신세여

야만 하나? 요즘 오만하고 무례한 뉴스 진행자가 많다.

'지켜보겠다'라는 표현에는 문제가 또 있다. 실제로 잘 지켜보는지 아닌지 시청자는 알 수가 없다는 것이다. 그렇게 잘 지켜봤으면 같은 사건, 사고가 계속 일어날 일이 만무하다. 따라서 허언虛言에 가깝다. 이게 혹여 보통 사람의 관계에서도 맺음말로 자리 잡지나 않을까 저어한다.

대안은 무엇일까? 자기 자신이 아니라 대신 '국민'을 넣는 것이다. "국민이 지켜보고 있다는 걸 잊지 마시고 잘해주시기 바랍니다", "국민들께서 걱정스럽게 지켜보고 있습니다. 기억하시면 좋겠습니다" 등으로 바꾸는 게 좋다.

옷깃을 여미다?

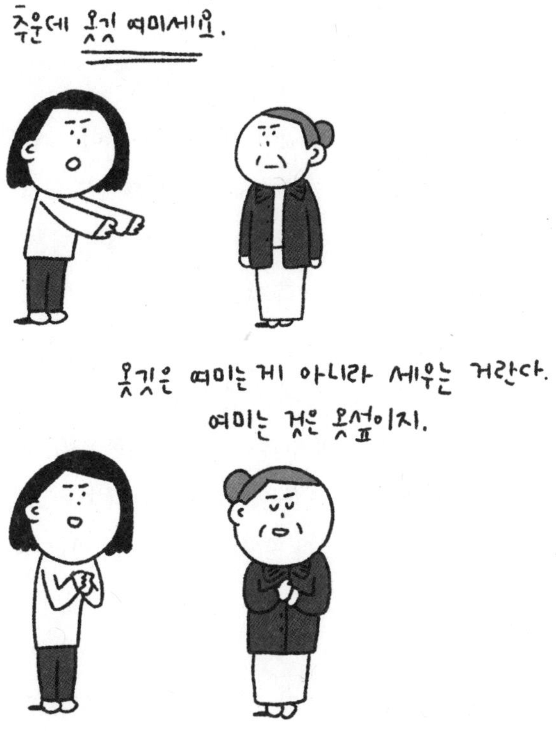
추운데 옷깃 여미세요.
옷깃은 여미는 게 아니라 세우는 거란다.
여미는 것은 옷섶이지.

옷깃은 목둘레를 영역으로 한다. 옷의 앞부분이 아니다. 영어로도 칼라collar다. 칼라는 옷의 중앙이나 앞부분은 해당되지 않는다. 옷깃은 여미는 게 아니라 세우는 거다.

정작 여며야 할 대상은 옷깃이 아니라, '옷섶'이다. 앞을 여밀 때 중심부로 오는 천을 말한다. 옷이 벌어진 채로 있거나 단추가 풀려 있을 때 가지런히 반듯하게 합치는 행위, 다시 말해 옷매무시를 단정히 하는 것이라 할 수 있다.

'옷깃을 여미다'는 비유적 관용 표현으로도 곧잘 쓰인다. 마음을 다잡는다거나 새 출발의 각오, 혹은 경건한 마음 자세 등을 나타낼 때 사용되지만, 옷섶을 여민다고 해야 제대로 한 것이다. 옷깃을 세우는 건 외려 당당하거나 자신만만하거나 혹은 오만한 태도나 모습 등을 보일 때 쓰여야 더 적절하다.

비슷한 오류로 '꿰다'가 있다. 첫 단추를 잘못 꿰다/뀄다/꿰었다 등으로 많이 쓰지만 잘못이다. '꿰다'는 실/끈/구슬이 대상이다. 단추는 끼우는 것이다. 놀랍게도 '끼다'도 맞는다. '끼우다'의 준말이 그냥 '끼다'이기 때문이다.

첫 단추부터 잘 ①끼어야 ②껴야 ③끼워야 한다. ①②③ 다 맞는다. '꿰다'는 단추에서는 쓸 수 없다.

옷섶을 여미다 | 옷깃을 세우다

실을 꿰다 | 단추를 끼우다

옷차림을 따뜻하게?

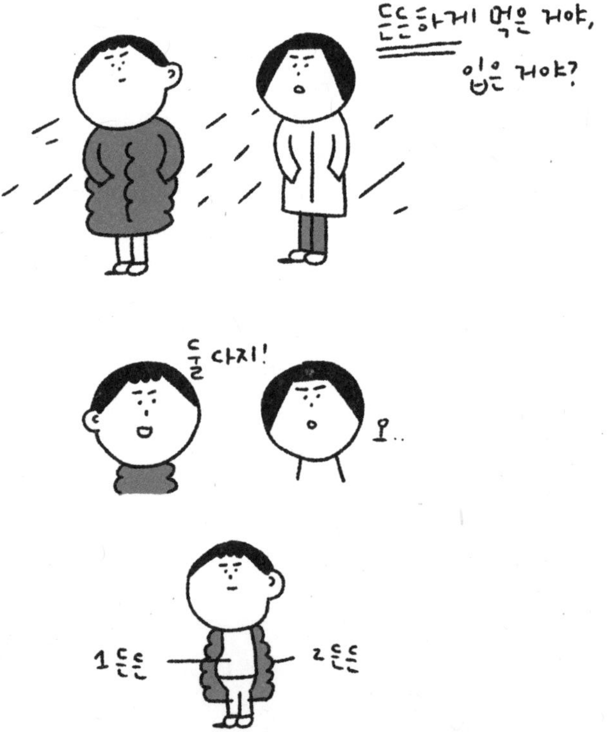
든든하게 먹은 거야,
입은 거야?
둘 다지!
오..
1든든
2든든

날이 추우면 날씨 방송에서 '옷차림을 따뜻하게' 하라고 한다. 이럴 땐 "옷차림, 든든히 하시는 게 좋겠습니다"가 더 바람직한 표현이다.

"먹은 것이나 입은 것이 충분해서 허전한 느낌이 없다"가 '든든하다'의 말뜻이다. 부모 세대 어르신들은 "날씨가 쌀쌀하니 옷을 든든하게 입어라" 하고 표현한다. 이게 더 의미에 걸맞고 정확하다.

참고로 '옷차림'은 아예 '옷차림하다'라는 동사도 있다. "그는 항상 멋스럽고 계절에 걸맞게 옷차림하고 다닌다"라고 활용할 수 있다.

03

같은
값이면
다홍치마

—

자연스럽고
세련된
표현

숫자 잘 읽기

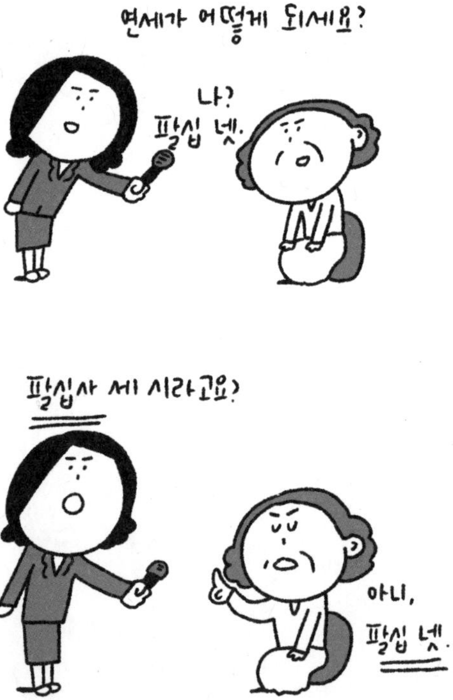
연세가 어떻게 되세요?
나? 팔십 넷.
팔십사 세 시라고요?
아니, 팔십 넷.

숫자를 말할 때 가장 치명적인 오류는 고유어식과 한자어식 읽기의 결합이다. 그런 일은 특히 장·노년층이 본인의 나이를 말할 때 종종 발생한다.

"연세(춘추)가 어떻게 되세요?"
"나? 팔십 넷."

이런 경우다. 고유어식으로 말하면 여든넷 또는 여든네 살, 한자어식으로 말하면 팔십사 세歲라야 맞다. 젊은이도 예외가 아니다. 어느 일본산 자동차 광고에서는 '192개 사양'을 [백(배)꾸십두 개]라고 읽고 있었다.

더불어 '향년'이라는 표현을 사용할 때는 향년 82[여든둘]이 정확하다. '향년 82세'처럼 '세歲'를 붙이지 않는 것이 원칙이기 때문이다.

30여억 원은 30억여 원보다 언제나 단위가 크다. 앞은 32~36억 원 정도를 가리키고, 뒤는 30억 2000만 원~3000만 원 가량이기에 그렇다.

유의해야 할 발음도 있다. 30여 개는 [서르녀 개]가 아니라 [삼시벼 개]다.'여餘' 앞에서는 한자어식으로 읽는다.

'개국個國' 앞에서도 한자어식으로 읽는 것이 일반적이다. 26개국[스물려(서)섣깨국]이 아니라 [이:심뉴깨국]이 맞는다. 회사나 기업을 지칭하는 '개사個社' 앞에서도 마찬가지다.

"1일 앞으로 다가왔다", "2일 남았다"보다 "하루 앞으로 다가왔다", "이틀 남았다"라고 하는 것이 의미를 전달하는 데 더 효과적이고, 고유어를 사용한다는 면에서 윗길이다. 그러므로 3일보다는 사흘, 4일보다는 나흘, 5일보다는 닷새, 6일보다는 엿새가 더 나은 것이다. 그러나 7일은 '이레'와 비교했을 때 전달력과 고유어식의 가치가 충돌한다. 이럴 땐 전달력을 따른다. 8일도 같은 이유에서 '여드레'보다 우위에 선다. '아흐레'도 길고 어렵게 들릴 수 있으니 9일이 좋다. 10일은 다시 고유어인 '열흘'이 비교 우위이다. 10일은 음성화했을 때, 11일과 자주 헛갈리기 때문이다.

기본적으로, 수가 작으면 고유어식이 편하고 듣기 좋다. '사과

4[사]개'라고 읽는 것보다 '사과 네 개'라고 읽는 것이 자연스럽고 편리하다. '12곳' 같은 것도 [시비곧]은 어색하다. [열뚜곧]이 바르다. 그러나 수가 커져버리면 한자어식이 편하다. 점이지대가 백百 단위다. 이럴 땐 어떤 원칙은 없으나 전달력을 좇는 편이 좋다. 111표는 [백씨빌표]보다 [뱅녈한표]가 잘 들린다. 368명은 [삼뱅뉵씹팔명]이 [삼뱅네순여덜명]보다 헛갈림이 덜하고 명확하다. 물론 때에 따라 다를 수 있다.

뒤에 오는 의존명사(불완전명사)가 고유어면 숫자도 대개 고유어식이 어울린다. '곳', '군데' 등이 그렇다. 반대로 의존명사가 한자어면 숫자도 대개는 한자어식이 입에 붙는다.

비행기는 각 단위별로 따로 읽고, 배(선박)는 합쳐 읽는다. 보잉747은 [칠싸칠], 남해580호는 [오백팔씨포]다.

기관, 단체 고유의 읽기 관습은 존중하는 것이 원칙이다. 군부대는 부대 앞의 숫자를 한자어식으로 읽는다. 2~3개 중대는 [두세개] 중대가 아니라, [이삼개] 중대다. 시각을 나타날 때, 예컨대 '23:46'은 [이:십쌈시 사:심뉵뿐]이다. 문학 작품 제목인

『25시』도 [이:시보:시]다.

‘116’ 같은 건 자주 나오며, 따라서 한 단어로 친다. 음운현상이 적극 개입하는 것으로 봐야 한다. [뱅녈려섣]으로 읽는 것이 [배결려섣]보다 감각적인 읽기이다. ‘19’ 같은 경우 [시꾸]로 소리 나지 않도록 유의한다. [십꾸]다. ‘십’의 ‘ㅂ’을 놓치지 않고 살려서 읽어야 한다.

되게

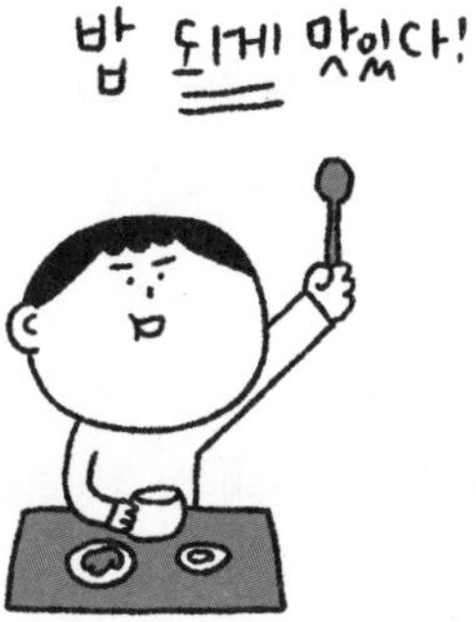
밥 되게 맛있다!

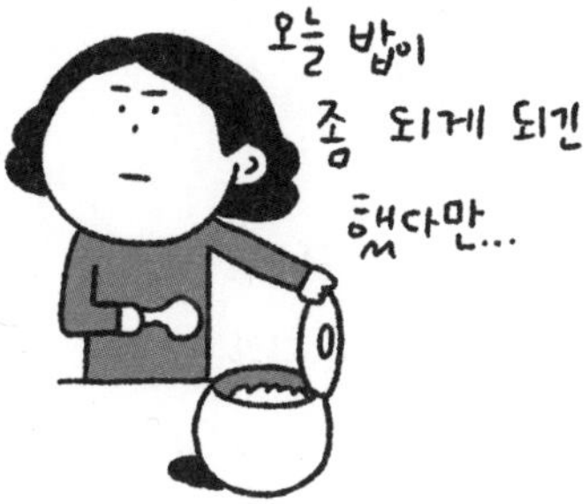
오늘 밥이
좀 되게 되긴
했다만...

영어 'very'에 해당하는 우리 부사는 매우 다양하다. '매우', '무척', '퍽', '사뭇', '썩', '꽤', '제법', '자못', '대단히', '정말', '참', '상당히' 등. 이것을 맥락과 상황에 맞게 잘 가려 쓰면 그것만으로도 세련된 우리말 화자로 인정받을 만하다. 그런데 유독 '되게'가 일상 회화에서 지배적으로 쓰인다. 언중의 자연스러운 선택 차원에서는 인정해야 하는 측면도 물론 있다. 그러나 그것이 그저 대충 편한 것만을 좇는 세태를 따른 것이라면 교양 있는 화자로서 가려 쓰는 게 좋다. '되게'의 범람은 단연코 우리의 거친 말글살이의 반영이다. 가장 조악하고 비루한 'very'가 바로 '되게'다.

그렇게 입으니 썩 잘 어울리는구나

우리 사회에는 매우 다양한 계층이 있습니다

친구 아버지 영정을 보고 나니 무척 슬펐습니다

직원들은 이번 조직 개편에 자못 기대가 큽니다

예기치 못한 상황에 맞닥뜨려 퍽 당황했을 거야

연습을 열심히 하더니 이제는 제법 잘하는구나

막상 가보니 듣던 것과는 분위기가 사뭇 달랐습니다

위의 예문에서 'very'에 해당하는 여러 부사의 자리에 '되게'를 무턱대고 넣을 것인가. 말맛이 전혀 다르며 큰 틀에서 서툰 화법이다. 같은 맥락에서 '많이'도 문제다. 아무 때나 그저 쉽게 '많이'를 쓴다. "내일은 많이 덥지 않겠습니다"는 도대체 어느 정도 덥단 말인가. 'too'를 무턱대고 '많이'로 옮기니 벌어지는 결과다. "내일은 그다지 덥지 않겠습니다"가 자연스럽고 세련된 표현이다.

서너 개

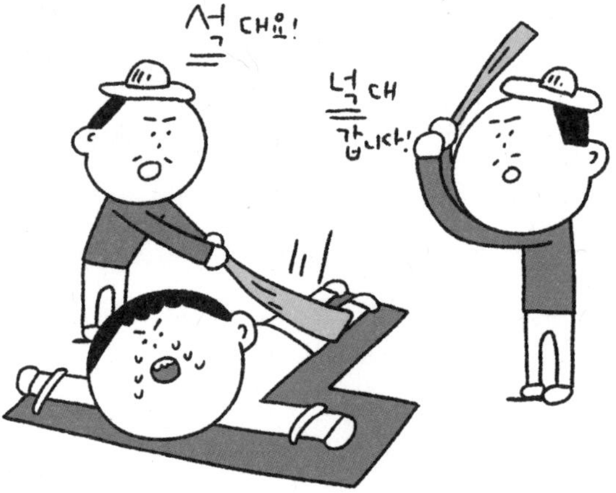

석 대요!
넉 대 갑니다!

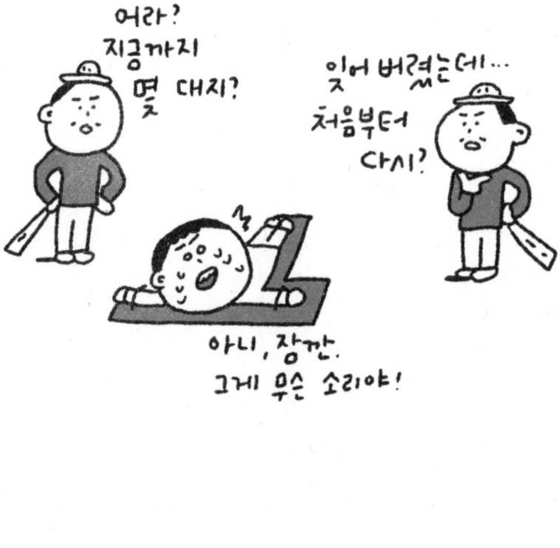

어라? 지금까지 몇 대지?
잊어 버렸는데… 처음부터 다시?
아니, 잠깐. 그게 무슨 소리야!

우리말 수數 읽기에서 서:/너:(석:/넉:)의 존재는 특별하다.

3~4의 경우, 특정 단위 앞에서는 '세네' 대신 '서너/석넉'을 쓴다. 부드럽고 자연스러운 발음 지향과 관련이 있다. 영어에서도 정관사 the가 a, e, i, o, u 등 모음으로 시작하는 단어 앞에서는 더[ðə]가 아닌 디[ði]로 소리 나지 않던가. 비슷한 이치다.

다음 예문들을 보면 '서', '너', '서너'가 '세', '네', '세네'로 읽는 것보다 나음을 알 수 있다.

종이 석 장만 갖고 와

넉 달 만에 그 일을 해냈다고?

구슬이 서 말이라도 꿰어야 보배

서푼짜리 오페라

고기 석 점에 벌써 배가 불러?

그림을 석 점이나 얻어 오다니

매를 넉 대나 맞았어?

서너 달 지나면 가을이야

오토바이 서너 대가 지나갔어

-은, -는/ -이, -가

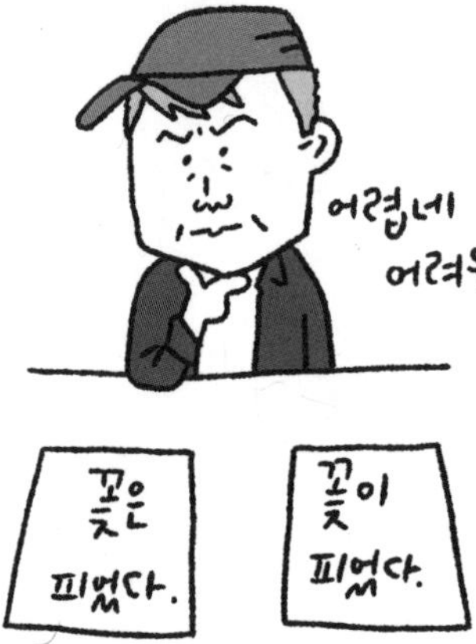

어렵네
어려워..
꽃은 피었다.
꽃이 피었다.

버려진 섬마다 꽃이 피었다.
버려진 섬마다 꽃은 피었다.

김훈 작가가 『칼의 노래』의 서두에서 둘 중 어느 문장을 쓸까 며칠을 고민했다 한다. 우리 말글의 맛과 멋, 뉘앙스는 이리도 작은 것에 미묘하게 달라진다. '-은, -는'과 '-이, -가'는 어떻게 다른가.

우선 '-이, -가'는 주격조사다. '-은, -는'은 보조사다. 여기에 일말의 힌트가 있다. '-이, -가'는 문법적인 구실을 하는 당당함이 있는 품사이고, '-은, -는'은 기능과 뜻을 더해주는 역할을 한다고 보면 대충 얼개가 잡힐 것이다.

'-이, -가'의 사용

① 주어가 관심의 초점일 때 쓴다.

영희가 1등이야

당연히 영희에 힘이 실린다. 그래서 주격조사 '가'가 오롯이 빛난다.

② 새로운 정보를 제시할 때 쓴다.

옛날 어느 마을에 어떤 공주가 살고 있었다

③ 텍스트가 묘사문(객관적 서술)일 때 쓴다.

대통령이 영령들의 빈소를 찾아 헌화하고 있다

'-은, -는'의 사용

① 서로 비교할 때 쓴다.

철수는 사과를 좋아하고, 미혜는 배를 좋아해

여기서 '-은, -는'은 주어를 대비시켜 의미를 또렷하게 하는 보조사 역할에 충실하다

② 이야기를 이끌 때 쓴다.

강원도는 자연이 훌륭하다 | 손흥민은 인기가 대단하다

'강원도는'의 '는'을 통해 자연이라는 주제를 끌어내고, '손흥민은'의 '은'이 마찬가지로 인기라는 토픽을 이끈다.

'-은, -는'은 이렇듯 이야기를 이끌어내는 기능을 갖는다.

'-은, -는'은 '문장주제어'라고도 한다. 영어와 기본적으로 가장 차별되는 지점이기도 하다. 영어식 문장 구성으로는 '강원도는 자연이라는 면에서 훌륭하다'가 된다.

③ 서술어에 방점이 찍힐 때 쓴다.

명호는 우리 팀 에이스야!

'에이스'에 무게중심이 있다. 곧 서술어 영역에 관심이 모일 때, '-은, -는'이 앞에 자리한다.

이곳은요

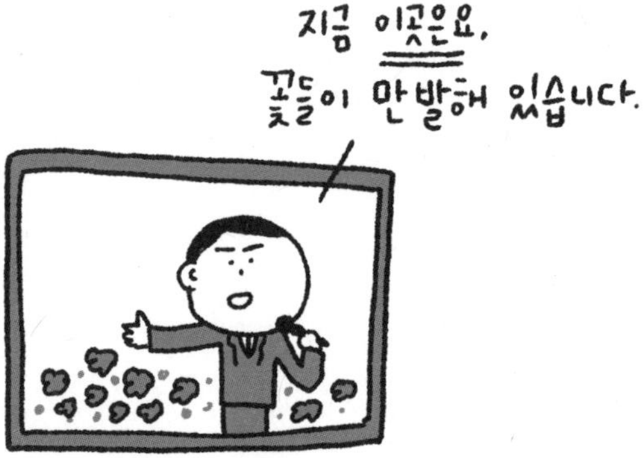
지금 이곳은요,
꽃들이 만발해 있습니다.

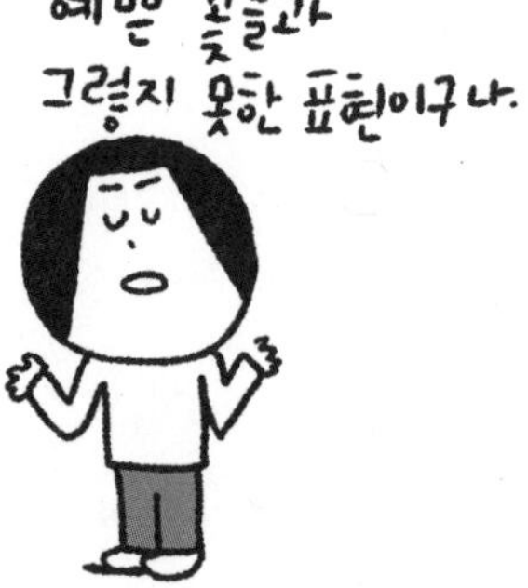
예쁜 꽃들과
그렇지 못한 표현이구나.

"제가 지금 나와 있는 이곳은요, 쇳물이 나오는 곳입니다."

전형적인 서툰 표현이다. TV라면 동작과 시선을 동반하면서 "쇳물이 나오는 뜨거운 현장입니다."라고 해야 바람직하다. 라디오 같으면 "소리 들리시나요? 쇳물이 나오는 현장에 나와 있습니다"라고 해야 현장감을 살린 멘트다.

'제가', '지금', '이곳' 등 방송에서 특히 많이 나오는 이런 표현은 군더더기 말인 데다 설명조여서 서툴고 둔감한 인상을 준다. 지시대명사가 남발되는 길고 불필요한 멘트는 그 자체로도 문제지만 생동감을 갉아먹는 부작용을 수반한다.

"이곳은요"는 문법에도 안 맞는다. 보조사 '-요'는 주격조사 '이/가'나 보조사 '은/는'에 연이어 올 수 없다. 구어(입말)의 자연스러움을 호소하곤 하지만, '-요'를 붙이면 오히려 치기稚氣만 보탤 뿐이며 없는 것이 훨씬 산뜻하다. '이것', '저것', '요것' 등의 지시대명사는 말에 힘을 빼놓는다.

방송은 현장성이 중요하다. '다시보기'와 '몰아보기'가 왕성한

세상이지만 방송은 어디까지나 전파 이용을 통한 일회성이 본질이다. 지시대명사의 남발보다는 다양한 표현으로 승부해야 한다.

제대로 사과하는 법

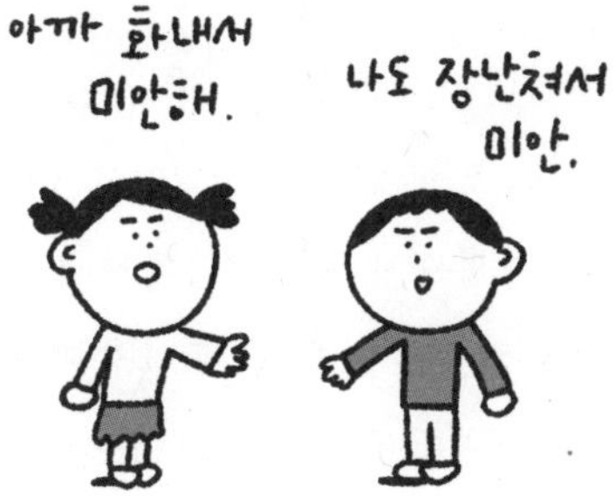
아까 화내서 미안해.
나도 장난쳐서 미안.

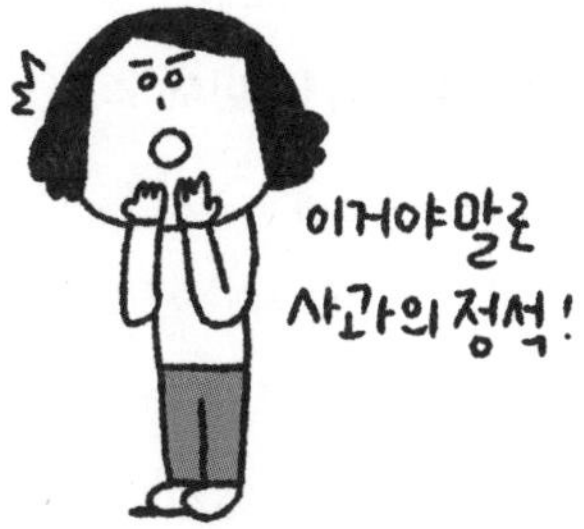
이거야말로 사과의 정석!

마이크에 들킨 국회의원 속마음? "관료 비난 아닌 채찍질 차원"
"관료들을 비난한 게 아니라 좀 더 열심히 하자는 채찍질 차원에서 얘기한 것이다. 답답한 심정이 와전된 것이다."

뒷말로 한 비난도 성에 안 차서 이젠 급기야 등짝에 물리적 위해인 채찍질을 가하겠단다. 차원은 또 뭔가? 그다지 어려운 수준의 말은 아니었던 것으로 아는데 말이다.

채찍질이 아니라 '독려', '다독임'이 적절하다. 차원은 '의미'로 바꾸는 것이 더 어울린다.

"관료 비난 아닌, 독려(다독임) 의미"
"관료들을 비난하고자 한 게 아니라 독려, 다독임의 의미로 허심탄회하게 나눈 대화가 본의 아니게 많은 분에게 심려를 끼쳤다. 특히 마음 상했을 공무원 여러분에게 송구한 마음을 금할 수 없다."

이 정도 해야 사과다.

이런 사과도 있었다. "금요일에 큰소리를 낸 것은 피감기관 증인 선서를 한 사람으로서 잘못한 것이 분명하다. 그러나 이걸 핑계로 국회가 또 공전하면 어떡하나 하는 아쉬움이 남는다." 당시 청와대 모 수석비서관의 말이다.

사과 표현에 앞서 말을 잘하는 필요조건 중 하나는 낱말 뜻에 대한 명확한 이해다. 그걸 바탕으로 때, 장소, 상황을 고려해 적확·적실하게 사용하는 것이다. 사과하러 왔다는 이가 상대를 향해 '핑계'가 뭔가. 핑계는 상대가 불리한 입장임을 전제로 한다. 구차하게 변명하거나 사실을 감추려고 결이 다른 엉뚱한 이야기를 하는 대상을 향해 쓰는 것이다. 여기선 '빌미'를 써야 옳았다. 어떤 일을 함에 있어 탈이 나는 이유나 원인으로 중립적이고 객관적이다.

"지난 금요일 불쑥 큰 소리로 화를 내 물의를 빚은 저를 용서하시기 바랍니다. 유구무언입니다. 바라건대, 혹여 이번 일이 빌미가 돼 국회가 다시 공전되거나 파행을 빚는 일은 없었으면 합니다. 다시 한번 송구하고 죄송합니다. 반성하고 성찰하겠습니다."

사과의 3원칙이 있다. '구체적으로, 가능한 한 빨리, 그리고 진심을 담아서'다. 그리고 표현에 있어서는 전제를 달아서는 곤란하다.

"언짢으셨다면" "마음 상하셨다면" "미흡하게 처신한 게 있다면" "관행에 따랐다 하더라도" 등의 표현은 외려 불쾌감을 돋우며 진정성을 의심받는다. 역효과다.

아울러 얄팍하고 교묘한 책임 회피성 발언도 화를 부른다. '마음의 책임', '축제가 아닌 현상' 등 2022년 이태원 참사 때 공직자가 한 발언 등은 국민들 가슴에 불을 질렀다.

오바마 전 미국 대통령의 사과를 보라.

그는 여성 기자를 향해 스위티sweetie•라는 표현을 썼고, 곧바로 발언의 부적절성을 알아채곤 이렇게 말했다.

• sweetie는 '달콤하다'는 원뜻에서 알 수 있듯 상호 친밀성이 전제돼야 하므로, 잘 알지 못하는 여성을 향해서는 무례한 표현에 속하는 호칭.

"'스위티'라는 표현을 쓴 것에 대해 사과합니다. 저의 나쁜 말버릇이 나왔습니다. 그러나 비하하려는 의도는 전혀 없었습니다. 이번 실수에 대해 매우 미안하게 생각합니다. 제게 만회할 기회를 주시면 좋겠습니다."

적절한 사과의 본보기다.

이름 부르기

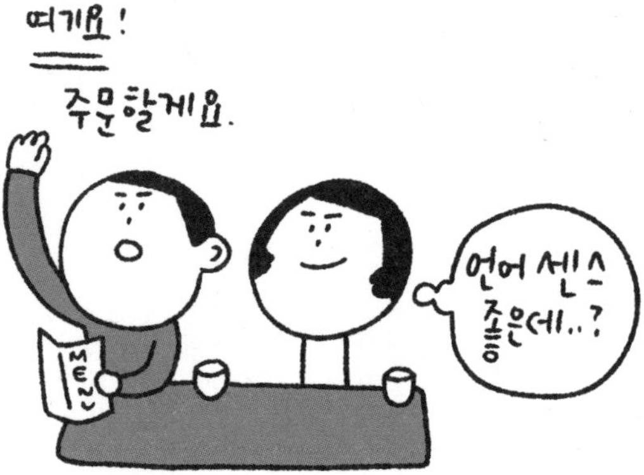
여기요!
주문할게요.
언어 센스 좋은데..?

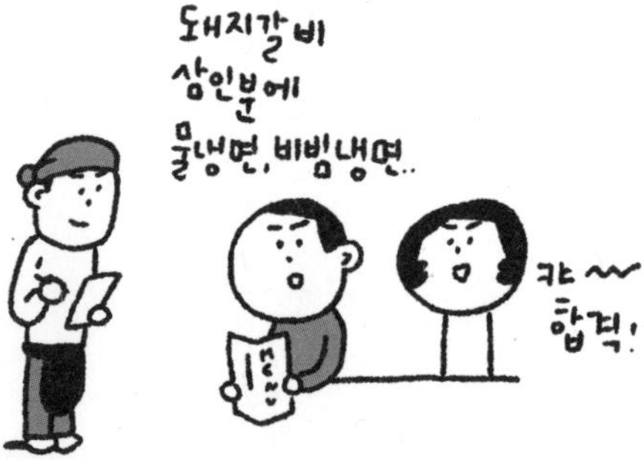
돼지갈비
삼인분에
물냉면, 비빔냉면..
캬~
합격!

명찰에 적힌 종업원의 이름을 불러달라는 식당에 간 적이 있다. 손님이 왕일 필요는 없지만, 그렇다고 식당이 손님에게 부담을 주는 것도 문제다. 적당한 호칭을 못 찾는다고 해서 손님더러 종업원의 이름표를 주시하고 그 이름을 정확히 부르란 말인가. 이에 대해 종업원의 의견은 혹시 들어보았는지 궁금하다. 과도한 요구요 무례나 다름없다. 은행, 병원, 카페 등 직원들이 이름표를 부착하는 다른 기관에서도 마찬가지다.

일상생활에서 자신의 이름이 불리는 경우는 관공서, 병원, 법정 등이다. 그곳은 원치 않는 자신의 이름이 건조하게 맴돌며 대개 을乙이 된 듯한 경험을 안기기 일쑤다. 이름을 부르거나 상대방에게 꼭 맞는 호칭을 찾는 것보다 맥락에 따른 상황어를 개발하는 게 합리적이며 국제적인 기준에도 부합한다.

'실례합니다'의 영어 표현인 'excuse me'는 '내가 당신을 부르는 상황을 용서하라'는 의미다. 독일어 Entschuldigen Sie bitte/Entschuldigung, 프랑스어 je m'excuse/excusez-moi, 일본어 すみません/ごめんください도 비슷하다.
우리에겐 '여기요', '저기요'가 있다. "여기 있는 저 좀 봐주시겠어요?" "저기, 주문 좀 하려고 하는데요"를 센스 있게 축약한 준수한 상황어다. 주로 젊은 층이 자주 쓰면서 사회적 언어에 기여한 예라고 할 수 있다.

코로나19(COVID-19) 읽기

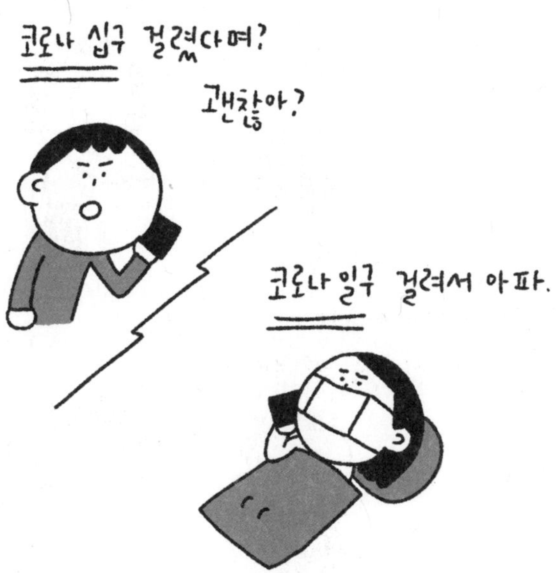

코로나 십구 걸렸다며?
괜찮아?
코로나 일구 걸려서 아파.

코로나 초창기, '코로나19'의 '19'를 [십꾸]로 읽느냐 [일구]로 발음하느냐 논란이 있었다. 말하자면 숫자냐 기호냐의 문제라고 할 수 있다. 원칙적으로는 그 생성·제작 주체의 뜻에 일단 따르는 게 옳다. 나름대로 고민을 했을 테니까 말이다.

그리고 그게 적절치 않거나 설득력을 잃으면 시간이 지나면서 최적의 방법으로 정리된다. 그 기준은 어감·편의성·줄임효과다. 이걸 기제로 집단 지성이 작동한다고 해석된다. 십 단위의 날짜 사건만 보자. '4.19(사일구)/5.16(오일육)/8.15(팔일오)/10.26(십이육)'은 원래 숫자의 의미를 무시하고 기호화해 단 단위로 끊어 읽은 경우다. 이런 게 더 많다.

반면 '6.10(육십)/12.12(십이십이)'는 어떤가. 제대로 된 수의 고유명을 존중했다. 같은 해 벌어진 사건이라도 '10.26'은 십이십육[십이심뉵]이라고 안 한다. 왜? 입에 붙지 않는 데다 음절수도 하나 더 늘어나기에 그렇다.. 그래서 [시비륙]이 안착했을 터. 12.12는 [시비일리]로 하든 [시비시비]로 하든 글자 수가 같지만, [시비시비]가 어감이 당기고 더 와닿아 굳어졌다.

'콘서트7080(칠공팔공)', '2030(이공삼공)세대', '84(팔사)학번', '98(구팔)학번', '10(일공)학번' '19(일구)학번' 등 이런 예도 발음의 편의를 좇아 기호화한 읽기라고 할 수 있을 것이다.

승강기의 '4' 대신에 'F' 표기도 그렇다. '4 ⇒ 사 ⇒ 死'가 싫은 이유이잖나! 1층 밑은 왜 반듯하고 합리적인 0(zero)나 under가 아니고, 굳이 B(Basement, 기초)를 들여와 B1/B2/B3 방식으로 쓰는가.

바로 약속과 인정을 바탕으로 한 기호의 힘인 것이다.

'안사람'을 '배우자'로?

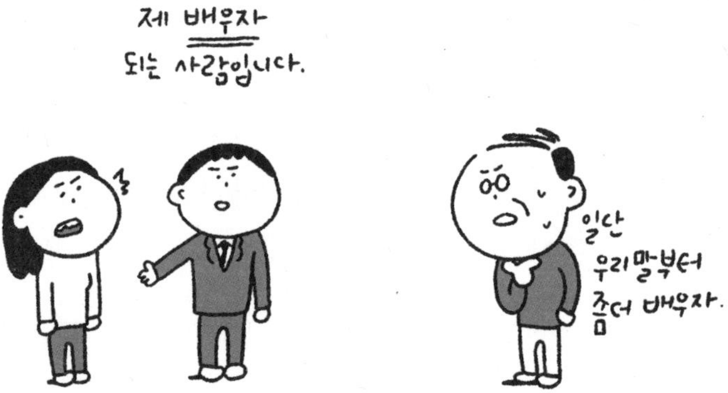
제 배우자 되는 사람입니다.
일단 우리말부터 좀더 배우자.

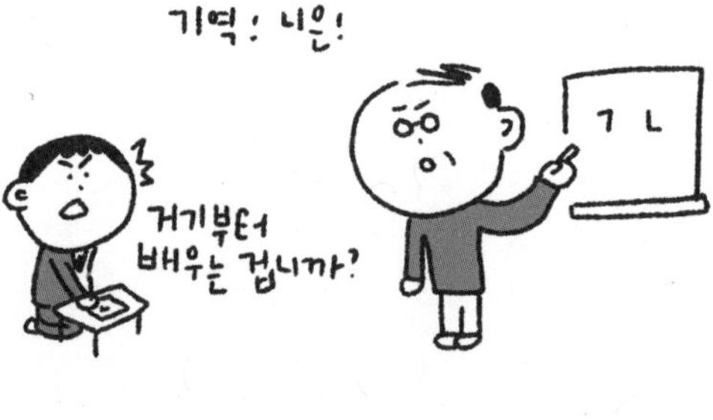
기역! 니은!
ㄱ ㄴ
거기부터 배우는 겁니까?

'안사람'이 내외內外를 구분 지어 여성의 정체성을 집 안으로 제한하기 때문에 다른 말로 대체하자는 의견이 있다. 맞는 말이다. 하지만 그 대안이 '배우자'가 적절한지는 의문이다.

물론 성 중립적이란 덕목은 지켜야 할 고려사항이지만 말맛, 언어 감수성, 음성화했을 때의 자연스러움도 중요하다. '제 배우자예요'는 마치 이제 막 결혼한 사람 같다. "제 배우자 될 사람입니다"가 귀에 익어 그렇다. 이를 무시할 순 없다. 이러한 언어적 관습을 가리켜 '사회적 언어 양식'이라 한다.

'안사람'의 어원이 못마땅하다면 '배우자'는 더 고약하다. 배우자配偶者의 배配는 알다시피 '나누다'이다. 우偶는 '짝'이다. 짝을 나누다? 너무 단조로운 구성 아닌가. 게다가 우偶 자의 형상을 보면 사람과 닮은 어떤 것, 즉 허수아비, 인형이란 의미다. 토우土偶할 때 그 우偶다. 씁쓸하지 않나.

또 하나, 의존명사 자者는 요즘 피하는 추세다. '당선자'를 '당선인'으로 바꾼 게 대표적이다. '탈북인'이 '탈북자'보다 어감이 좋다. '노숙자'도 '노숙인'이 배려언어에 해당한다. '장애인'도

먼 과거에는 '장애자'였다. 물론 기자, 철학자 등 관습적으로 써온 건 어쩔 수 없는 예외다.

여러모로 '배우자'라는 표현은 무겁고 일상어로는 적합하지 않다는 생각이다. '배우자'는 딱딱한 행정용어에나 적합하다. 기계적 중립만을 좇아 말의 멋, 맛, 격이 실종되고, 실제 활용도와 현실성도 망각한 결정 사례로 보인다.

대안은 '아내'가 가장 무리없을 것 같다. 이 말도 물론 어원적으로 '안/內'에서 파생된 것이지만 원뜻에서 많이 멀어졌다고 볼 수 있고 어감과 발음이 예쁘고 부드럽다. 아내 다음으로는 '처妻'가 어떨까 싶다. 한자어지만 편하고 단순하며 어감도 나쁘지 않다.

자기소개

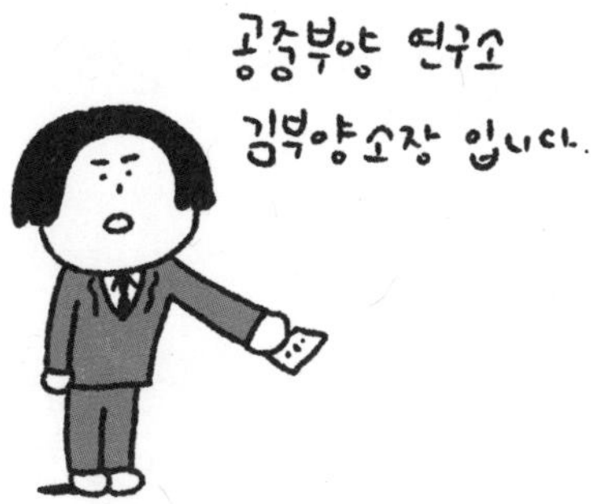
공중부양 연구소
김부양소장 입니다.

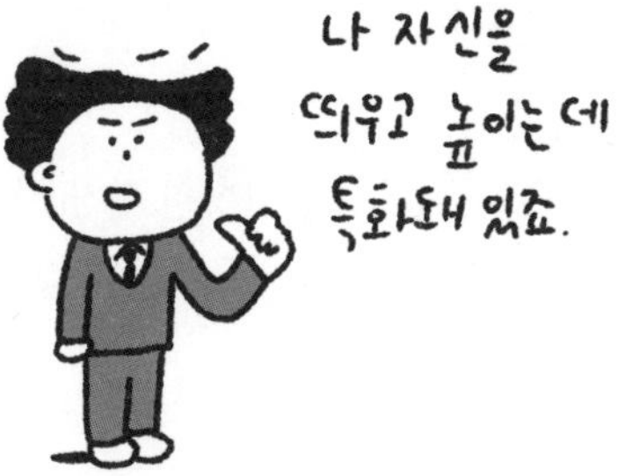
나 자신을
띄우고 높이는 데
특화돼 있죠.

“인사드립니다. ○○부 박지연 장관입니다.” “안녕하십니까, ○○대 경제학과 김영호 교수입니다.” “반갑습니다. ○○당 최혜정 대표입니다.” “안녕하세요, ○○ 병원 이종수 원장입니다.”

어떤가. 문제없나?

박사, 교수, 회장, 사장, 장·차관, 대표, 이사, 감사, 전무, 상무, 변호사, 총장, 원장, 단장, 위원장, 본부장, 실·국·부장 등 높은 지위의 직함일수록 직함을 먼저 말하고 나중에 이름을 말하는 게 언어 예절에 부합한다. 그래야 겸손하고 교양 있어 보인다.

“정치학 박사, 정용호입니다” “통일병원 원장 강진성입니다” “성평등 장관 임소혜입니다” “혁신당 대표 장인경입니다”가 센스 있고 바람직하다.

꼴불견 중 으뜸은 이거다.

“네, ○○/○○(갑/을/병) 지역구, ○○○ 의원입니다.” 무슨 특위나 청문회 때, TV 중계가 있다는 점을 의식한 국회의원들 대부분이 이러고 있다. 참을 수 없는 협량狹量과 꼴사나운 잔망스러움의 극치다. 이 사람들은 예외 없이 '의원'을 나중에 말함으로써 같잖은 위세를 드러낸다. 목불인견目不忍見 이다.

중립적인 직업명, 직위 단위들도 물론 있다. 대표적인 게 PD, 기자, 아나운서다. 이런 경우는 앞에 쓰나 뒤에 쓰나 무관하다. 조합원, 대의원, 간사, 총무, 과장, 계장, 대리 등도 얼추 이 범주다.

모름지기 사회적·경제적 지위가 상대적으로 높다 싶을 때, 스스로를 칭하려면 이름을 직함보다 뒤에 놓는 것이 보기에도 듣기에도 센스 있고 예의 바르게 보인다.

중의重義의 함정

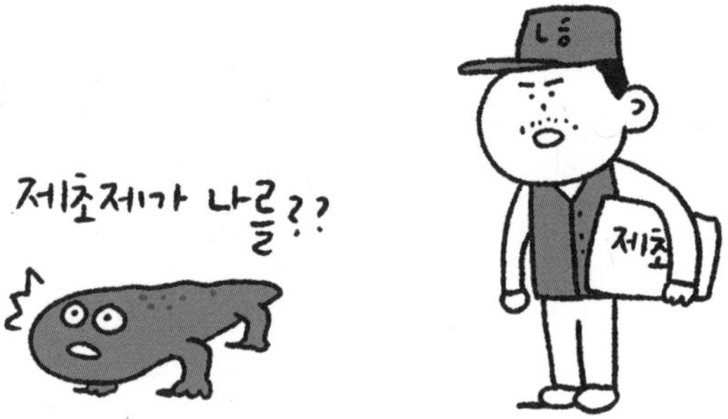
제초제가 나를??
제초

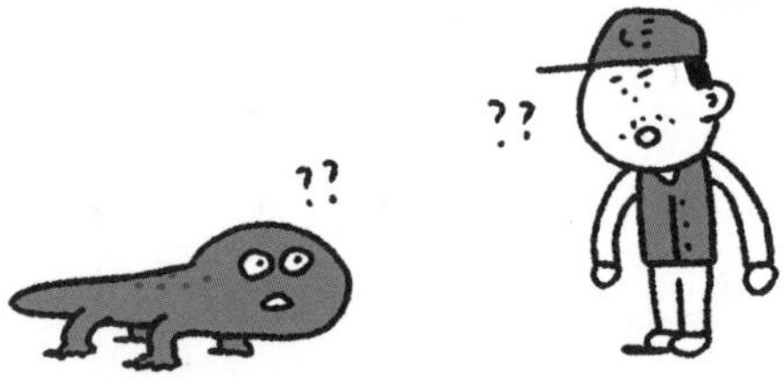
??
??

"도롱뇽을 살리려고 이웃이 밭에 제초제 치는 것을 온몸으로 막기도 했다."

이런 걸 가리켜 '중의重義의 함정'이라고 한다. '살리려고' 대신 '죽이려고'를 넣어도 뜻이 통한다. 어쩌면 그게 더 의미 전달이 더 확실하다. 물론 '목적성'이 약한 허점이 있다.

이웃들이 평소 도롱뇽에 대한 반감이 너무나도 깊어 그 박멸을 '목적'으로 한 게 아니라, 제초제를 뿌려 빚어지는 '결과', 즉 도롱뇽의 죽음을 무시, 간과하는 것이기 때문이다.

그럼, 어떡할 것인가. 일차적인 해법은 "이웃이 밭에 제초제 치는 것을 도롱뇽을 살리려고 온몸으로 막기도 했다"처럼 순서를 바꾸는 것이다. 그러나 문장이 매끄럽지 않다. 목적어 '을/를'이 연거푸 나오는 것도 신경 쓰인다.

가장 쉽고 확실한 방법은, 흔히 쉼표라 불리는 반점半點의 활용이다.

"도롱뇽을 살리려고, 이웃이 밭에 제초제 치는 것을 온몸으로 막기도 했다."

이런 게 평소 하찮게 보이는 쉼표의 위력이다. '중의가 해소되었다'라고 표현한다.

그러나 애초부터 중의 현상이 일어나지 않게 쓰는 것이 최선이다. 앞뒤 문맥을 고려해야 하겠지만, '자르기, 나누기' 대안이 보통 잘 통한다. "그는 이웃이 밭에 제초제 치는 걸 질색했다. 이유는 도롱뇽이 죽을까 봐서."

원래와 본디

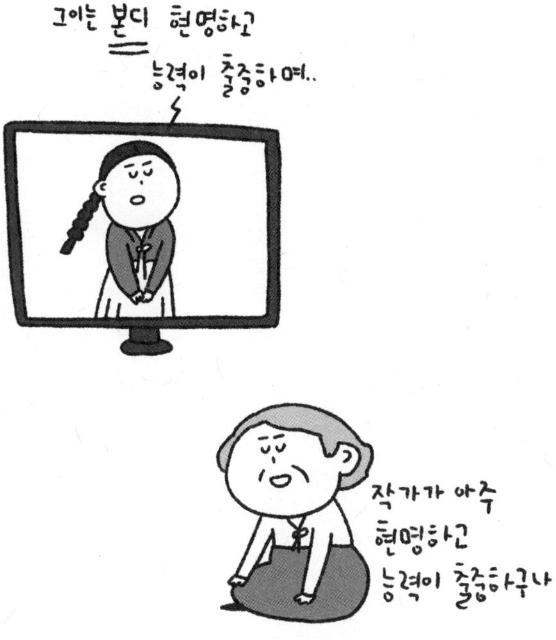
그이는 본디 현명하고
능력이 출중하며..
작가가 아주
현명하고
능력이 출중하구나

'원래'는 일본 말로 간나이がんらい[原來/元来], '본래'는 혼라이 ほんらい[本来]다. 우리말과 일본 말에 공통으로 있다. '원래'가 '본래'보다 대중성에서 앞서는 느낌이다. 비슷한 뜻으로 '본시本始'도 있는데 요즘 눈에 잘 안 띈다. 중장년층이나 가끔 쓰는 형국이다.

아쉬운 건 '본디'의 약해진 존재감이다. 어감도 예쁘고, '本-디'의 구성이라 고유어적 미덕을 갖추고 있는데 안타깝다. '디'의 실체는 확실치 않으나 '역행 구개음화'의 일종이란 해석이 제일 설득력 있다. 굳이[구지], 미닫이[미다지]처럼 'ㄷ'이 'ㅣ'를 만나면 '지'로 발음되는 현상이 구개음화. 그러나 그 역행도 드물지만 있다. 즉, '본지本地'가 구개음화 역행으로 '본디'가 됐다는 설이다.

'원래'의 과도한 완력을 누르고, 여린 '본디'를 격려해 살려내면 어떨까.

그이는 원래 성품이 고와 | 그이는 본디 성품이 고와

어떤가? 입 모양과 목소리가 ‘본디’를 찾을 때, 더 고상하고 품격 있어 보이지 않나?

'했다'의 남발

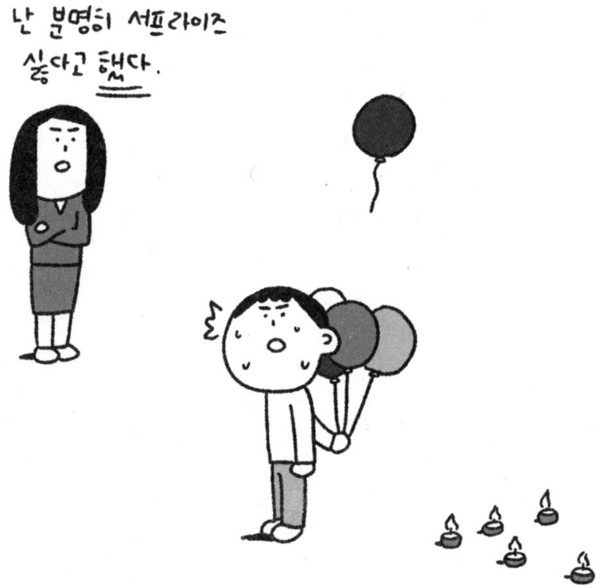
난 분명히 서프라이즈
싫다고 했다.

"당부드린다"고 했다. "약속했다"고 했다. "기여할 것"이라고 했다. "실천을 할 수 있었다"고 했다. "실행력이 중요하다"고 했다.

'했다'를 무려 다섯 번 연거푸 쓴 기사를 접했다. '했다'를 너무 자주 쓰면 무성의해 보인다. 적절한 용언이나 어미를 찾는 노력을 게을리한다는 인상을 주기 십상이다. '했다'는 일종의 전언傳言 형식을 띠는 과거형 종결어미로 단순한 첨언이나 그저 덤덤한 보태기 용도가 어울린다.

"그는 뇌물을 요구하지도 받지도 않았다고 말했다. 뇌물을 싫어한다고도 했다."
"감독은 손흥민이 빠르고 골 결정력이 좋다고 칭찬했다. 시야도 넓다고 했다."

이런 정도가 적당하다.

스텝이 꼬이다

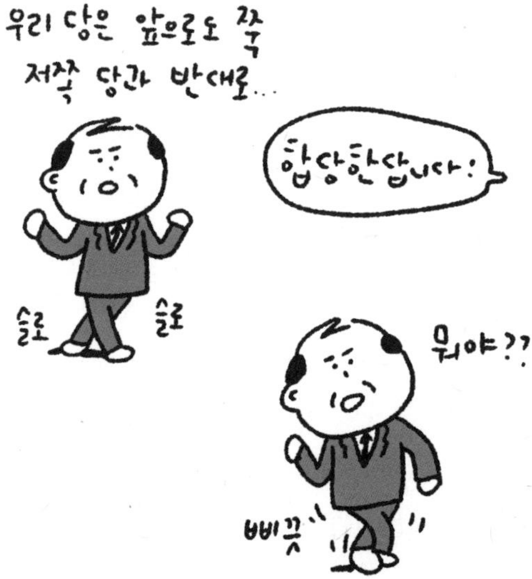
우리 당은 앞으로도 쭉 저쪽 당과 반대로...
합당한답니다!
슬로
슬로
뭐야??
삐끗

춤은 물론 각종 운동에서도 '스텝'은 쓰이는 용어다. 그러나 아무래도 춤판을 연상하게 된다. '금마차/백악관/벤허/로마/카니발/터미널/카네기.' 이 땅에서 난데없이 음습하고 끈적한 느낌으로 변해버린 이런 이름의 불야성 간판들이 어른댄다. '스텝이 꼬이다?' 정치인들이 한 말이라고 치부한다손 치더라도, 어떤 일이 제대로 진행되지 않는 상황을 비유적으로 쓸 때 일부 언론도 그렇게 적는 걸 보게 된다.

'스텝이 꼬이다'는 교양 있는 표현이라고 보기 어렵다. 언어 감수성이 높은 저널리스트가 공식적인 표현으로는 쓰지 않을 터. 적어도 메이저 언론에서는 피해야 하지 않을까. '계속 엇박자' 정도면 괜찮을 듯싶다.

물건을 세는 순우리말 단위들

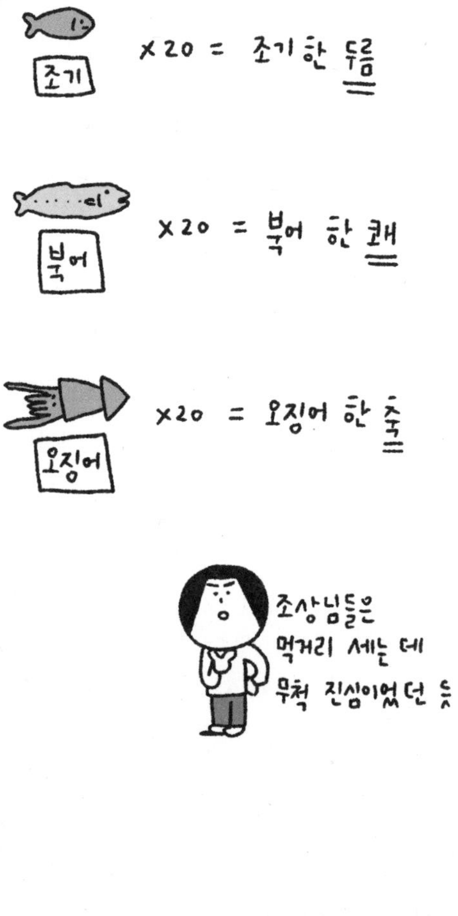

조기
×20 = 조기 한 두름
북어
×20 = 북어 한 쾌
오징어
×20 = 오징어 한 축
조상님들은
먹거리 세는 데
무척 진심이었던 듯

시험용으로 박제할 것이 아니라 이런 것부터 순우리말을 적극 써야 한다는 생각이다. 뭐든 몇 개, 몇 피스 운운하는 언어 현실은 얼마나 부박한가.

먼저 '두름'이 있다. 조기·청어 등 생선은 스무 마리가 한 두름이다. 그러나 나물류는 열 개 정도를 묶은 한 단을 뜻한다.

'손'은 한 손에 잡을 만한 분량을 의미한다. 웬만한 생선, 혹은 무·배추 같은 큰 채소는 큰 것 하나와 작은 것 하나 합한 것을 이르고, 미나리·파 따위는 한 줌 분량을 말한다.

'접'도 있다. 채소, 과일 따위를 묶어 세는 단위다. 한 접은 백 개를 뜻한다. 예컨대 배추·마늘 한 접이다. '쾌'는 보통 북어를 세는 단위다. 북어 스무 마리를 한 쾌라고 한다.

'모숨'도 알아둘 만하다. 한 줌 안에 들어올 만하되 상대적으로 길고 가느다란 물건의 분량을 일컫는다. 두릅이나 시금치, 열무 등이 해당한다. '축'이 빠졌다. 오징어 스무 마리를 가리킨다.

직격탄

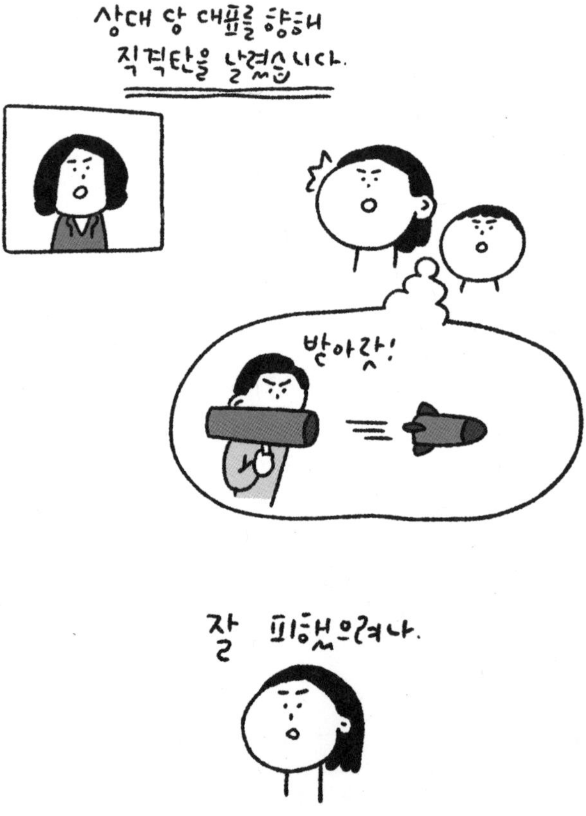
상대 당 대표를 향해
직격탄을 날렸습니다.
받아랏!
잘 피했으려나.

요즘 미디어에서 '직격탄을 날리다'라는 표현을 부쩍 많이 접한다. 전쟁, 전투, 폭력을 연상케 하는, 선정적이고 자극적이며 과장된 표현을 언론이 앞장서 쓴다는 것은 지탄 받아 마땅한 일이다.

직격탄. 글자 그대로 날아가는 폭탄이다. 뭔가를 날리려 하면 거리距離와 동선動線이 확보돼야 하고, 어느 정도의 고도高度를 필요로 한다. 곡사포가 아니고, 똑바로 난다고 하더라도 그렇다. 그래서 직격탄直擊彈을 '쏘는' 게 아니고 '날린다'고 하는 것이다. 그러나 모름지기 사람한테 사람이 입으로 말하는 데 무슨 폭탄을 날리고 퍼붓고 하는가. 더구나 올바른 언어생활의 모범을 보여주어야 할 언론이 말이다. '정면 대응하다', 혹은 '직설直說을 던지다' 정도면 될 듯하다.

'깜'의 득세

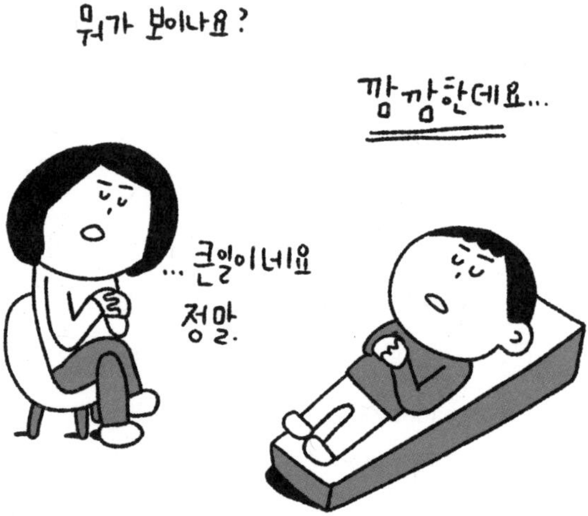
뭐가 보이나요?
깜깜한데요...
...큰일이네요
정말.

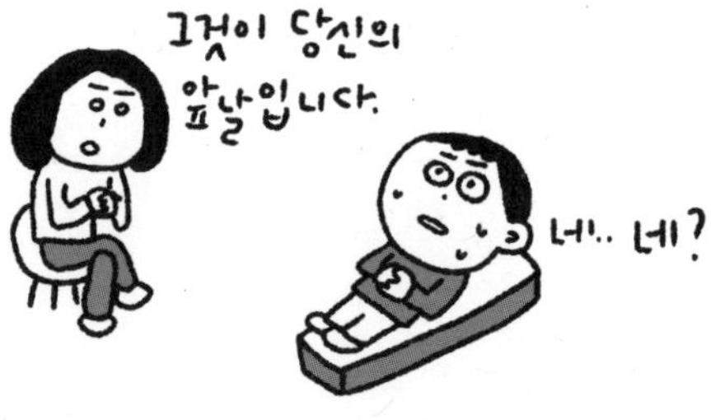
그것이 당신의
앞날입니다.
네.. 네?

온통 '깜' 세상이다. 경음硬音(된소리)이 남발된다는 건 세태가 각박하다는 징후이기도 하다.

대표적 오류가 '감쪽같다'를 '깜쪽같다'로 잘못 사용하는 것이다. 맛있는 과일인 '감의 한쪽은 얼마나 달콤한가. 그래서 빨리 없어진다는 데서 나온 말이 '감쪽같다'다.

발음도 주의할 필요가 있다. '감'은 [감:]이라고 길게 소리 나는 데 비해, '감쪽같다'는 [감쪼까따]로 짧게 난다. 원래 의미에서 멀리 떠나와버렸기 때문이다.

깜깜무소식? 틀리진 않지만, 웬만한 건 '감감무소식'이라고 해야 순하고 근사하게 들린다. 앞길이 깜깜하다? 그보다는 '캄캄하다'가 듣기에 더 낫다.

'간보기'도 문제가 있다. 여론을 재보는 정치인들의 행태 따위를 언론에서 자주 이렇게 표현하곤 한다. 그러나 '간보기'라는 단어는 없다. 꼭 쓰고자 한다면 '간(을) 보기'라고 해야 한다. 더불어 의미도 잘 따져보면 결이 사뭇 다르다. 음식을 하며 간을 보는 행위는 정성이며 수고라 할 수 있다. 그 순정한 행위를 왜 폄하하는가. '떠보다' 혹은 '가늠하다'라는 의미를 지닌 단어로 '깐보기'가 있다. '간보기'라는 말을 쓰는 사람들은 '깐보기'를 '간 보기'로 착각하고 있는 것 같다.

골머리를 앓다?

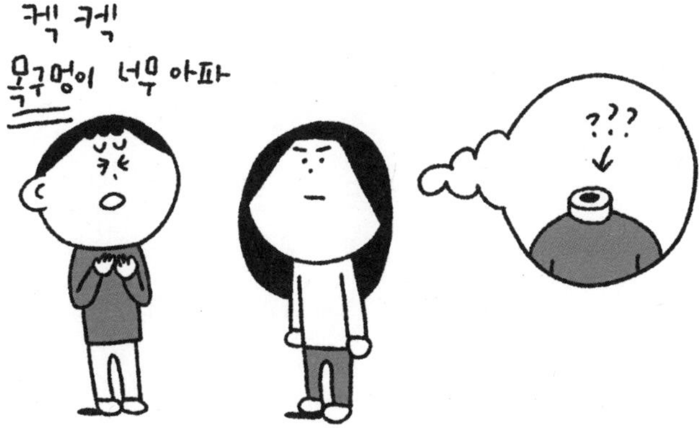

켁 켁
목구멍이 너무 아파
???

구체성이 항상 좋은 건 아니다. '골머리를 앓다'라는 표현은 구체적이고 사실적이다. 그러나 불편하다. '골머리'는 '머릿골'의 속된 표현이다. 비속어다. 머릿골은 대뇌, 소뇌 등이 들어 있는 머리뼈의 한 부분을 가리킨다.

'골이 쑤시다'의 구체성은 물론 의미 있다. 그러나 그 적나라함이 불편하듯 '골머리를 앓다'도 '머리가 아프다' 정도의 완곡어법이 교양 있는 대안이라는 생각이다. 더 큰 문제는 어법에 안 맞는다는 것이다. 골머리는 신체 기관이다. 그 자체는 '앓다'의 대상이 될 수 없다. 콩팥을 앓는 게 아니라 신장병을 앓고 있는 게 아니던가. 여러모로 부적절한 표현이다.

'목구멍이 아프다'도 그저 '목이 아프다'로, '눈알이 뻑뻑하다'도 '눈이 뻐근하다', 눈이 뻑뻑하다' 정도로 약화시키는 게 교양 있고 세련된 표현이다.

연장선상에서 언제부턴가 미디어에 자주 나오는 '갈아치우다'도 불편하다. 토박이말이 모든 가치에 우선하는 게 아니다. 어감이 좋아야 하고, 글자 수가 늘어지지 않아야 한다. '갈아치우다'는 길고 어감이 안 좋다. 경신更新, 정비, 교체, 일신一新 등이 더 깔끔하고 산뜻하다.

골이 쑤시다 ⇒ 머리가 아프다

목구멍이 아프다 ⇒ 목이 아프다

눈알이 뻑뻑하다 ⇒ 눈이 뻐근하다, 눈이 뻑뻑하다

갈아치우다 ⇒ 정비하다, 교체하다, 경신하다

04

공정하게 말하는 법

— 차별하지 않는 중립적 표현

미운 오리 새끼

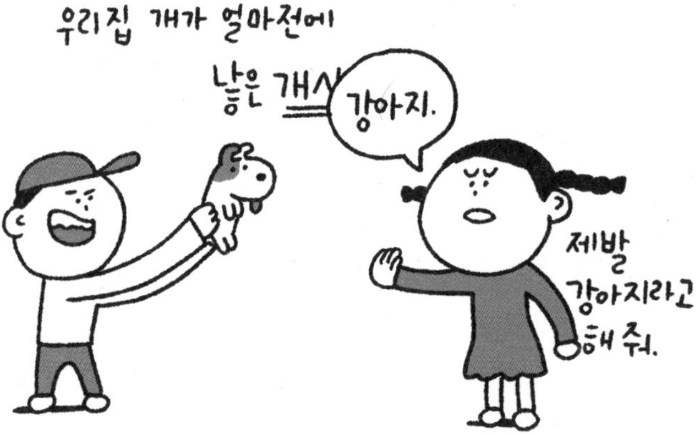
우리집 개가 얼마전에
낳은 개새
강아지.
제발
강아지라고
해 줘.

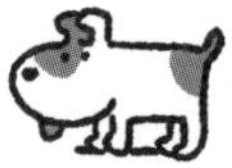
강아지 (2개월)

안데르센의 동화「미운 오리 새끼」.

미운 오리 새끼? 누군가의 초라한 언어감수성이 빚어낸 비극적 결과다. '미운 새끼 오리'였어야 했다. 단어의 위치 잡기가 이토록 막중하다. 관성이 이렇게 무서운 것이다.

강아지, 생쥐, 송아지처럼 새끼 형태의 낱말이 따로 있는 경우를 제외하곤 단어 '새끼'를 그 동물 명칭의 앞에 놓아야 안정적이고 편안하다. 새끼 사슴, 새끼 호랑이 등이 그 예다. 목가적, 동화적 느낌을 주려는 목적이라면 '아기'가 필요하다. 아기 곰, 아기 코끼리 등으로 쓰면 된다. 이렇게 해야 어감이 예쁘다. 어류의 경우에는 '어린'을 붙이는 것이 좋다. '어린 물고기' 정도로 쓰면 온전하다.

한번 실수는 병가지상사兵家之常事라 했지만, 그 여파가 악무한惡無限인 경우가 왕왕 있다.
'미운 오리 새끼'가 그렇다. '미운 새끼 오리'를 왜 생각하지 못했을까. 단어 위치 하나에 어감이 이렇게 달라진다.

이 동화 제목 때문에 일종의 면죄부를 받아 사슴 새끼, 고라니 새끼, 너구리 새끼, 오소리 새끼 운운하며 '새끼'를 개의치 않고 관성적으로 붙였던 것이다.

중립적·객관적 용어일 때는 '새끼 사슴' 등으로, 문화적·감성적으로 표기해야 할 경우는 '아기 곰' 형태로, 어류일 때는 '어린'을 넣어 쓰면 유용하다. '새끼 멸치'는 우습지 않은가. '어린 멸치'가 딱 들어맞는다. '멸치 치어稚魚'는 느낌이 무겁고 어렵다.

내외 귀빈에 고함!

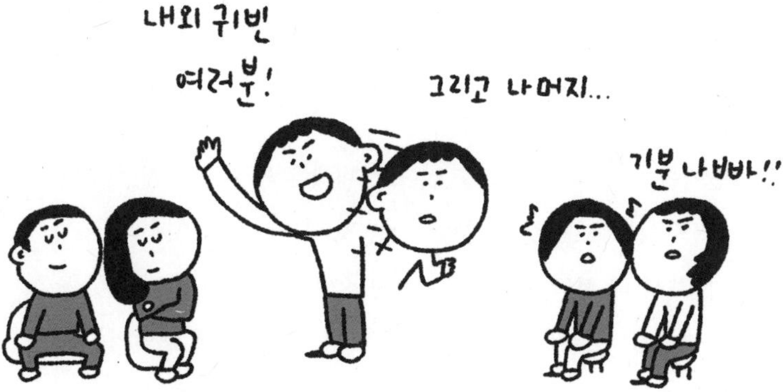
내외 귀빈
여러분!
그리고 나머지...
기분 나빠!!

우선 '내빈'이란 말은 없다. 내빈을 內賓으로 알고 있는 이들이 많은데, 아니다. 내빈은 이제 거의 통용되지 않는 말이다. 여자 손님의 뜻으로 아주 과거에 가끔 쓰였다. 내빈은 來賓이다. 초대에 응해 온 손님을 말한다. 그래서 내외빈內外賓은 적절치 않다. 그냥 내빈이다.

반기를 드는 축이 있을 수 있다. 사내에 높은 분과 밖에서 오신 분을 구분하고자 할 때 쓸 수 있는 것 아니냐고. 귀여운(?) 억지다. 회사 내 사장·이사·감사가 손님인가? 직원과 함께 회사를 이끌어가는 주인 아니던가. 월례조회 때면 그렇게 주인의식을 강조하더니만, 행사 때가 되면 손님으로 변신하는가? 그리고 오긴 어디서 왔단 말인가. 사내에 있었으면서.

내외 귀빈은 또 뭔가. 이들이 귀빈貴賓이면 보통 참석자는 평민이나 천민인가? 직위가 높다손 치더라도 그것을 귀하다고는 볼 수 없을 터. 반대로, 없이 살아도 그 가족과 식솔들한테는 귀하디 귀한 존재일 수 있다. 환멸을 부르는 시대착오적 표현을 답습한다는 건 참담한 일이다.

내빈들의 행태도 지적하고 싶다. 세미나·포럼, 하다못해 입학식·졸업식 때 보면 소위 '높으신 분'들이 축사·기념사를 하러 온다. 그러곤 자기 할 말만 하고 하나둘 사라진다. 이쯤 되면 자리를 빛내러 온 게 아니라, 망치러 온 것 아닐까? 어린이·청소년·젊은이 들이 어떻게 생각하겠는가. "힘세고 가진 자들은 저렇게 권력과 위계를 드러내는구나" 하고 반감을 갖거나 왜곡된 출세욕을 키우지 않을까.

내빈來賓 자체도 다분히 수구·봉건적이다. 축사·기념사만 하고 사라질 요량이면 아예 부르지도 말자. 이들을 향한 소심한 퇴치(?) 멘트가 여기 있다.

"오늘 이 자리를 빛내고자 단상에 몇 분 더 모셨습니다. 끝까지 함께 자리를 지켜주시면 감사하겠습니다" 또는 "뜻깊은 이 자리, 인사 말씀 듣고자 몇 분을 초대했습니다. 행사 내내 자리를 지켜주시리라 믿습니다"라고 하면 어떨까.

사자, 자문, 임대료

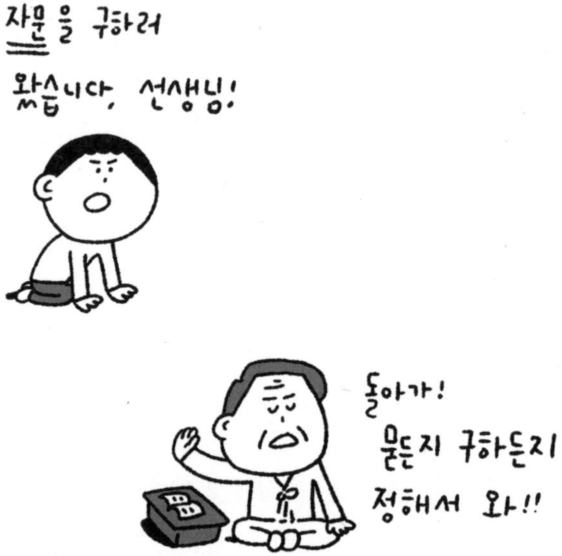
자문을 구하러
왔습니다, 선생님!
돌아가!
묻든지 구하든지
정해서 와!!

‘사사師事하다’ 자체가 ‘스승으로 섬기다’, ‘스승으로 삼고 가르침을 받다’라는 뜻이다. 따라서 ‘사사 받다’가 아니라 ‘사사하다’로 써야 옳다.

‘자문을 구하다’도 마찬가지다. ‘자문諮問하다’가 ‘어떤 일을 좀 더 효율적이고 바르게 처리하려고 그 방면의 전문가나, 전문가들로 이루어진 기구에 의견을 묻다’의 의미다. 그러므로 ‘자문하다’, ‘조언을 구하다’ 정도로 바루어야 한다. 같은 맥락에서 ‘자문위원’도 이제는 ‘전문위원’이 나을 듯하다.

‘임대료’는 ‘임차료’로 하루빨리 바꾸어야 한다. 이미 다수의 언론 매체가 임차료로 쓰고 있다. ‘분리수거’를 신속히 ‘분리배출’로 바꿨듯이 말이다. ‘임대료’나 ‘분리수거’는 아마도 오래전 고위 관료나 법조인들이 새로운 용어를 만들면서 갑甲의 입장에서 별생각 없이 공공언어화했을 것이다. 바야흐로 관官보다 민民의 시대다. 그 맥락의 일환이다.

귀성길/
귀경길

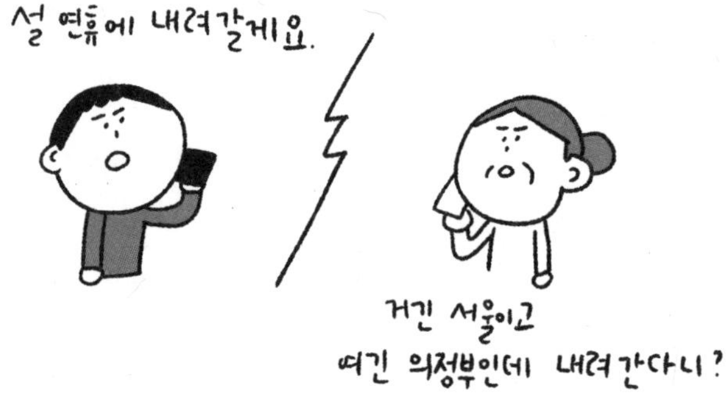
설 연휴에 내려갈게요.
거긴 서울이고
여긴 의정부인데 내려간다니?

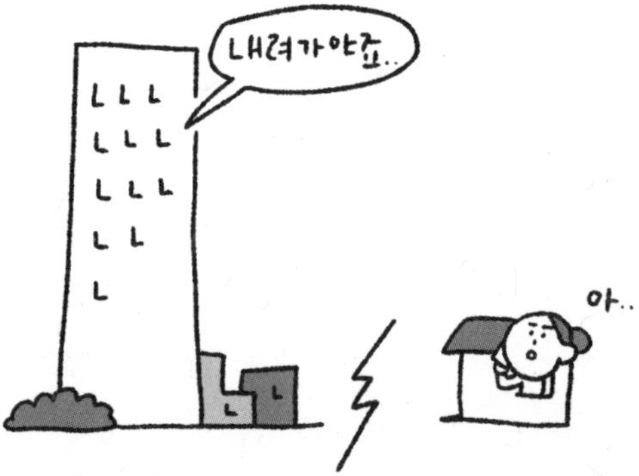
내려가야죠..
아..

성省은 중국의 지방 행정 단위다. 산둥성山東省, 후난성湖南省, 저장성浙江省 등의 이름에서 알 수 있다. 이 흔적이 남아 일본의 정부 조직도 성省이다. 외무부 대신에 외무성外務省, 국방부 대신에 방위성防衛省, 재무부 대신에 재무성財務省(과거 대장성大藏省), 이런 식이다.

성省은 한국인에게는 그리 익숙지 않다. '귀성길', '귀성객'이란 단어를 접할 때마다 불편한 이유다. 사전에는 "객지에 나가 있다가 부모님이 있는 곳으로 돌아가는 길"이라 밝히고 있는데, 성省의 본래 실체는 빼놓고 그저 좋게만 풀이한 게 아닌지 의심이 든다. 간편, 편의, 관용慣用의 가치와 봉건시대의 잔재가 충돌하면 무얼 택해야 하는가.

'고향길', '고향 찾는 시민' 등으로의 변환을 고려할 때가 되었다.

마찬가지로 '귀경歸京'도 언짢다. 지방 분권, 균형 발전은 이념, 정파, 진영을 넘어 한국인이라면 너나없이 추구해야 할 소중한 가치 아니던가. 고향 갔다가 모두 서울로 오는가? 인천 시민, 경기 도민은? 서울이 경성京城이 아니라 서울인 것은 중국, 일본과 구별되는 우리 민족 특유의 자주自主, 자립自立, 자강自彊 정신을 드러내는 독자성, 독립성의 아름다운 구현이다.

북경北京, 남경南京, 동경東京, 교토京都와의 친연성親緣性을 온몸으로 거부하는 대한정신大韓精神의 발현이기도 하다. 그저 '귀갓길'이면 족하지 않은가. '귀가 차량', '귀가 행렬' 등 다른 표현을 생각할 때가 되었다.

서울을 '빠져나가다'도 문제다. '서울을 떠난 차량'이 더 좋아 보인다. "제한된 환경이나 경계의 밖으로 나가다"가 '빠져나가다'의 뜻이라 무리 없어 보이지만, 느낌이 마뜩잖다. 바로 미묘한 뉘앙스를 말하는 거다. '빠져나가다'는 늪이나 진흙탕, 힘겨운 상황, 혹은 어둠의 소굴 등을 연상시킨다. 물론 과밀 주거, 미세먼지 등으로 고약한 서울이지만, 그래도 자기가 사는 거주 공간이다. 중립적인 표현이 더 낫다.

고향으로 '내려가는 길'은 더 큰 문제다. 지역 차별이다. 방위方位가 남쪽에 있다고 해서 내려가는 게 아니라, 서울(수도)을 어떻든 '올라가는' 수월적 위치로 치부하게 돼 그렇다. 서울에서

강화, 김포, 춘천, 강릉, 파주, 양주, 연천 등으로 가는 가족들을 보자. '내려가는' 것이 아니잖은가.

게다가 '귀성'과 '귀경'은 말할 때 자주 헛갈린다. 민주적이고 교양 있는 시민들의 언어생활에 쓸데없이 불편을 주고 있다.

배려언어

1

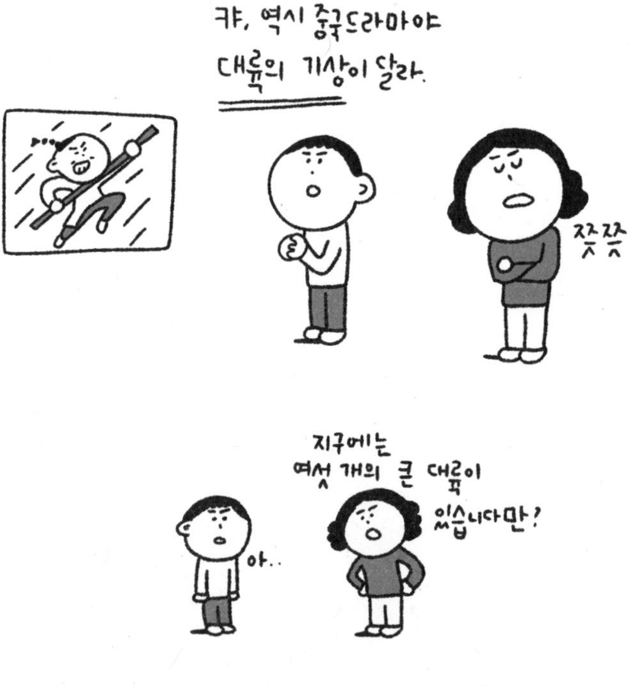
캬, 역시 중국드라마야
대륙의 기상이 달라.
쯧쯧
지구에는
여섯 개의 큰 대륙이
있습니다만?
아..

‘정치적 올바름Political Correctness(PC)’은 배려언어 쓰기가 그 첫 걸음이다.

검둥이, 호모, 튀기, 절름발이, 벙어리, 복부인 등의 단어는 적어도 공공언어에서 사라진 지 오래다. 성별·계층·나이·인종·국적·지역·피부색·학력 등에서 차별의 가능성을 원천 차단하는 것이다. 이건 적어도 휴머니티라는 가치를 지향하고 있는 한, 극히 자연스러운 흐름임에 틀림없다.

그러나 상대를 비하, 무시, 차별하지 않는 것과 더불어 스스로에게 당당하고 공정한 것 또한 PC의 영역이다. ‘저희 나라’가 거의 자취를 감춘 이유다. 메트로나 KTX에서 ‘우리 열차’, 지역의 문화해설사들이 ‘우리 고장’이라 하는 것은 ‘저희’보다 그래서 근사하다.

중국을 칭할 때 일부 언론이 여태 눈치 없이 ‘대륙’ 운운하는 것도 재고해야 한다.

‘대륙’이 자연스러우려면, 우리가 스스로를 ‘반도半島’라고 칭하는 데 무리가 따르지 않고 거리낌이 없어야 한다. 과연 그런가? 우리를 툭하면 '반도', '반도인'이라 부르며 깔본 자들은 일제강점기 일본인이었다. 중국은 자신들이 상대할 '대륙', 우리 조선은 그리로 가는 길목인 '반도'라 칭한 것이다. 그래서 호텔, 아케이드, 식당 등에 '반도'라고 숱하게 이름 붙였었다.
이런 선각자들의 지적을 받아들임으로써 '반도'라는 상호가 거의 사라진 것이다. ('한반도'는 결이 조금 다르다. 남한과 북한을 아우르는 데 쓰임이 실효적이다).

역사성을 차치하고라도 정서적으로 '대륙' 하면 왠지 범접할 수 없는 크고 장대한 상대를 대하는 것 같지 않은가? 상대적으로 우리는 왜소하게 느껴지고 말이다. 부지불식간, 사대주의와 중화주의의 늪에 빠져 있는 거라고도 볼 수 있다.

'대륙'이 어디 중국뿐이랴. 이것도 그러니까 클리셰cliché다. 그저 '중국'이라고 냉정하고 객관적으로 부르고 적는 게 전향적이다.

배려언어

2

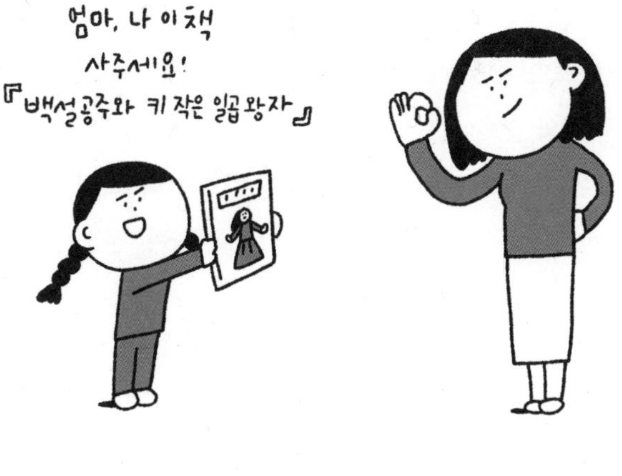
엄마, 나 이 책
사주세요!
『백설공주와 키 작은 일곱 왕자』

표현의 구체성, 상세성보다 앞서는 가치가 배려언어다. 『백설공주와 일곱 난쟁이』는 원작이 1937년, 애니메이션이 1959년에 나왔다. 국내에 소개된 것도 반세기가 넘는다. 그러나 그땐 '정치적 올바름'이라는 개념이 부재했다.

백설공주 동화에서도 썼으니 괜찮지 않나? 이건 단견이다. 이제부터라도 고민하고 대안을 찾아보는 게 민주 시민의 자세다. '난쟁이'의 순화어는 '지체장애인'이다. '일곱 명의 난쟁이 왕자'를 '일곱 명의 지체장애인 왕자'라 하면 여러모로 뜨악할 터. '키 작은 일곱 왕자'나 '일곱 명의 키 작은 왕자' 정도가 어떨까 한다.

이 기회에 정리하면 장님·소경·봉사·맹인은 모두 '시각장애인'으로 순화·표준화되었다. '눈이 멀다', '애꾸눈', '외눈박이', '사팔뜨기' 등도 피해야 한다. 아울러 '눈 뜬 장님', '장님, 문고리 잡기' 등의 속담도 경계해야 한다.

귀머거리는 이제 청각장애인이다. '귀가 먹다', '귀머거리 삼년' 등의 말을 조심해야 한다. 벙어리를 순화한 말이 언어장애인이다. '언청이', '말더듬이' 등도 좋지 않다. '꿀 먹은 벙어리', '벙어리 냉가슴' 등도 쓰지 않는 게 좋다.

지체장애인은 팔, 다리, 몸통이 불편한 장애인을 아우르는 말이다. '앉은뱅이', '절름발이', '절뚝발이', '반신불수', '외팔이', '뻗장다리', '땅딸보' 등은 피한다. 손 관련, '조막손', '육손이'도 비하에 속한다. '앉은뱅이 자세' 같은 묘사적 표현, '절름발이 행정行政' 같은 비유적 표현도 삼간다.

신체를 놀림조로 이르는 말도 유의해야 한다. 특히 비만한 사람을 대상으로 '돼지 같다'라고 한다든지, '뚱보', '뚱뚱보', '뚱뚱이'같은 말은 쓰지 않는 것이 바람직하다.

지적장애인은 '정신 지체'로 순화됐었으나 다시 고쳤다. '저능아', '정신박약아', '얼간이', '떨떨이', '칠뜨기', '팔푼이', '등신' 등을 피해 써야 한다. '미치광이', '정신병자' 등을 따로 '정신장애인'으로 쓰기도 한다.

척추장애인은 '꼽추', '곱사등이'의 순화어이며 '문둥이', '나병

환자'는 '한센Hansen인'으로 통일한다.

지체장애인을 향해 점잖은 지인이 이런 말을 하는 걸 목격했다.

"다리를 저시네요."

상대높임어미 '시'를 넣었더라도 이미 '절다'가 상처를 준다. "다리가 불편하신가 봅니다"가 완곡어법을 탑재한 교양어, 배려언어, 언어복지의 세계다.

얼굴마담

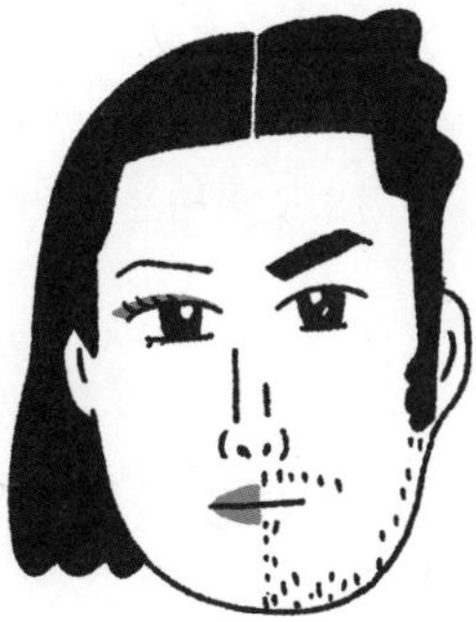

'얼굴마담'은 양성평등에 어긋나는 단어다. 단순 비교로 프랑스어를 보자. 마담madame은 '부인夫人'이다. 그러나 '얼굴 므시외monsieur', 즉 '얼굴 신사'는 없기에 그렇다.

'복부인', '김여사'(운전 초보 여성)는 꽤 사라졌는데 '얼굴마담'은 이토록 질긴 생명력을 보인다. 정치인, 저널리스트, 방송진행자 등은 늘 중립적이며 정치적으로 올바른 용어 사용에 유념해야 한다.

유색有色과 방幇

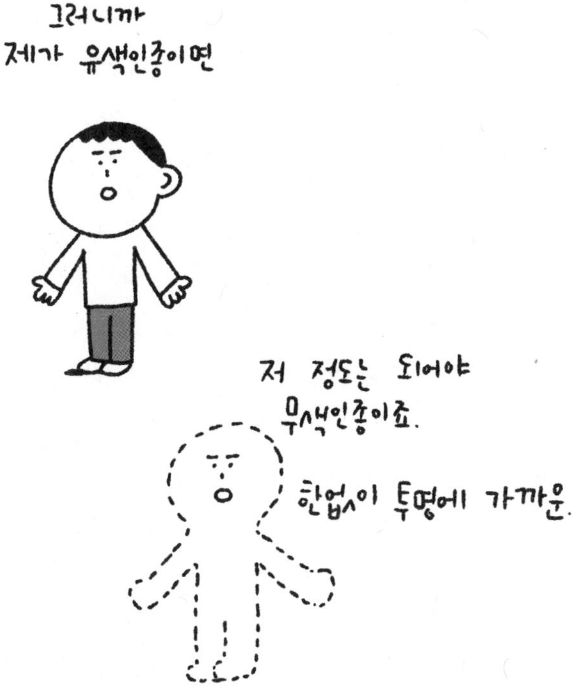
그러니까
제가 유색인종이면
저 정도는 되어야
무색인종이죠.
한없이 투명에 가까운.

"도널드 트럼프 미국 대통령은 유색인종 여성 민주당 하원의원 4인방을 향해 '너희 나라로 돌아가라(Go Back to Your Country)'고 트윗을 날렸다."

어느 뉴스 문장 일부다.

두 가지 문제가 있다. 첫째, '유색인종'은 유색有色, 즉 '색깔이 있다'라는 의미다. 영어로는 people of color, colored races/people이며, 이는 곧 non-white people이란 얘기다.
'유색'이라는 것은 자신들의 스킨, 즉 피부는 무색無色이라는 뜻이 아니라 기본색·바탕색의 피부, 곧 기준점이라는 발상이다. 그래서 차별어인 것이다. 문제는 이를 대체할 만한 용어가 마땅치 않아 여태 대충 넘어가는 분위기로 여겨온 점이다.

독일어도 영어 'colored'에 해당하는 형용사 'farbig(파르비히)'가 조응하지만, 언론에서는 상대성·구체성을 부여해 'dunkelfarbig(둔켈파르비히)', 즉 '어두운 피부색'이란 용어를 쓴다. 그럼, 우린 어떻게 해야 할까. 조금 번거롭더라도 '다른 피부색', '다른 피부의'를 썼으면 한다. '다른'은 '틀린'이나 '어긋난'이 아닌 당당한 대응이니까. '유색인종 여성 의원'이라면 '다른 피부색 여성 의원'이 될 터. 좀 긴 느낌이지만 그래 봐야 한 글자 늘어나는 셈이다. 정착되기 전까지는 그나마 '비非 백인白人'이 중립적이다.

둘째, '4인방'이다. 여기서 방은 幇이다. '무리', '떼'를 뜻하는 접미사인데, 글자 아랫부분에 수건 건巾이 들어 있는 걸 보더라도 도둑 패거리와 연관돼 있음을 알 수 있다. 그러니 부정적 의미일 때만 써야 옳다. 또 하나의 방증은 방조범幇助犯, 방조죄幇助罪에서 잡힌다. '어떠한 일을 거들어서 도와줌. 흔히 나쁜 일의 뒤를 돕는 경우'. 이게 방조의 사전적 의미다.

따라서 죄 없는 이 여성 의원들에게 '4인방' 운운은 어불성설이다. 물론 그 집단 자체가 다수가 인정하는 네거티브한 이미지로 굳어 있으면 관계없다. [방:조]로 길게 발음하는 경우를 자주 보게 되는데, 느낌상으로는 이해되지만 [방조]로 짧게 발음하는 것이 옳다.

여성에게만 쓰는 표현들

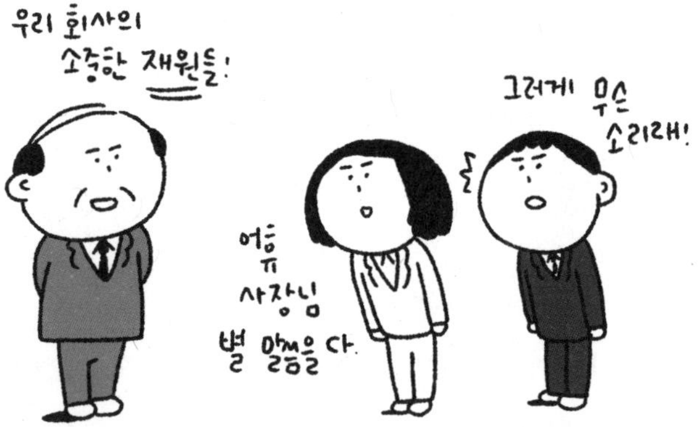
우리 회사의
소중한 재원들!
어휴
사장님
별 말씀을 다.
그러게 무슨
소리래!

'재원'은 여성에게만 쓴다. '재주가 뛰어난 젊은 여자'가 재원才媛이다. 남자에 해당하는 말은 재자才子인데 잘 쓰이지 않는다.

여성 형태로만 존재하는 단어가 몇 있는데 그중 대표적인 게 모국母國이다. 할아버지의 땅 '조국祖國'을 쓸지언정 우리말에 '부국父國'은 없다. '태극 낭자'할 때 낭자娘子도 그렇다. 원래 처녀, 처자를 높여 부르던 말이다.

여성을 놀리듯 칭하는 일종의 멸칭蔑稱 '복부인', '김 여사'는 이제 쓰지 않는다. 복부인은 부동산 투기를 하는 주부를 속되게 이르는 말이었지만, 비속어와는 다른 차원에서 양성평등에 어긋나기 때문이다. 김 여사 역시 운전이 서툰 여성을 얕잡고 희화화하는 낱말이다. 신문·방송에서도 몇 년 전부터 자취를 감췄다.

'꿀벅지', '에스라인', '브이라인', '베이글녀', '쭉쭉빵빵' 등도 몇몇 황색언론을 제외하고는 이제 찾아보기 힘들다. 다행한 일이다.

역도 올림픽 챔피언 장미란 선수처럼 기골이 장대하거나 통이 큰 여성을 여장부女丈夫라며 칭찬하는 경우를 보게 되는데 여장부도 큰 틀에서 성평등에 반反하는 말이다. '건장하고 씩씩한 사내'를 뜻하는 대장부라는 남성을 이미 전제, 상정해놓았기 때문이다. 안 쓰는 게 좋다.

주로 중·노년층 남성들이 친구, 지인 등의 아내를 지칭할 때 농담조로 혹은 진심으로 높임의 의미를 담아 '어부인御婦人'이라고 한다. 이건 일본 말이다. 어御는 단어 앞에 붙여 존경이나 겸양의 뜻을 나타내는 일본식 접사다. 그냥 '부인夫人'이면 족하다. '남의 아내를 높여 이르는 말'이다.

참고로 요즘은 '여자女子'보다 '여성女性'이 더 많이 쓰이는 추세다. 전향적이다. 여자는 생물학적인 성sex을 기초로 하고 여성은 사회·문화적인 성gender을 바탕으로 한다. 그래서 웬만한 교양적 화법이라면 여성이 더 어울린다.

예컨대 "이번 선거에서 여성의 힘을 보여줍시다"에서 여성 대신 여자를 넣으면 다소 어색하게 느껴진다.

여女를 접두사로 두거나 여류女流를 단어 앞에 붙이는 것도 성평등에 어긋난다. '여고생/여대생/여직원/여행원/여류 시인/여류 기사/여류 작가' 등이 그렇다. 남성이 기준·정상·보편의 가치를 띠고 여성은 '특이·이상·예외'라는 잠재적 의식을 드러내기 때문이다.

처녀림/처녀작도 '원시림', '첫 작품'이라는 성평등 단어로 고쳐야 한다. '처녀'라는 단어가 정조, 순결이라는 봉건적 여성성을 떠올리게 되는 기제機制로 작용하기 때문이다. 같은 맥락에서 줄기세포 관련 '처녀생식'도 '단성單性생식'으로 용어가 바뀐 지 오래다.

최악의 차별어는 미망인未亡人이다. 어감이 상대적으로 예뻐 종종 쓰이지만 이 말의 본뜻은 '남편이 죽을 때 같이 죽었어야 하지만 미처 따라 죽지 못한 사람'이다. 적어도 일상어에서는 버려야 한다.

05

예쁜
우리말이
있으니까요

–
덜 썼으면
하는 일본어
·영어식
표현

'그들'의 풍년

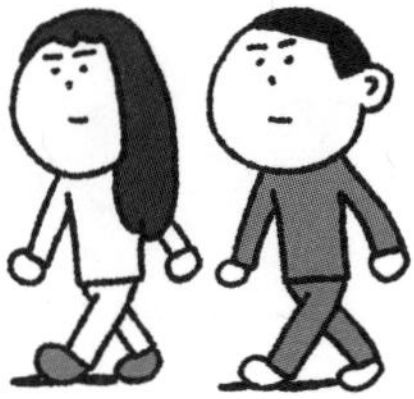

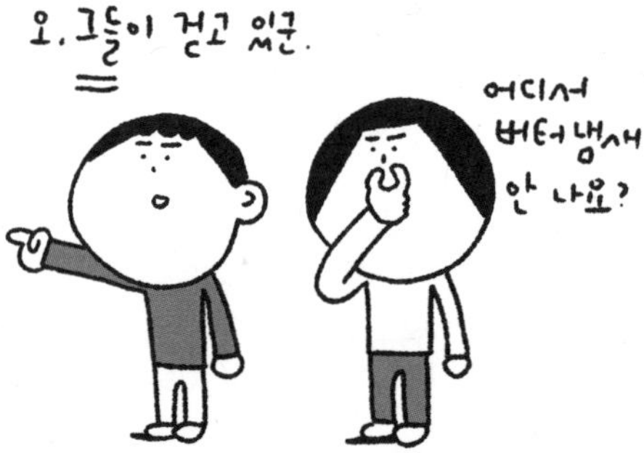
오. 그들이 걷고 있군.
어디서
버터냄새
안 나요?

요즘 불특정 다수를 뜻할 때 '그들'이 유행이다. 직장의 윗사람들도 '그들'로 자주 묶이고 방송의 휴먼 다큐에 나오는 순박하고 따뜻한 사람들마저 그들이라 칭하기 일쑤다.

'그들'은 영어의 'they'이다. 다분히 버터 냄새가 난다. 우리 어법이 아니다. 그러나 일견 멋져 보이고 쿨하다고 여길 수도 있다. 번역투라고 꼭 못 쓰는 것도 물론 아니다. 그러나 어떤 안이함이 더 다가선다. 무엇보다 그들은 멀쩡한 사람을 타자화他者化해 먼 관계로 치환하고 만다.

'이들/그들/저들'은 문학적, 감성적 표현을 하고자 할 때 제한적으로 쓰는 것이다. 예컨대 "독립군의 사진을 가만히 바라본다. 이들(그들)의 눈빛에는 하나같이 결기가 서려 있다" 등이 해당된다.

'저들'은 '이들', '그들'과 같은 계열이지만 대개는 적의敵意를 띨 때 사용되지 않던가. 그 맥락을 되짚어보면 이들, 그들의 뉘앙스가 결코 유쾌하지 않은 것임을 알 수 있다.

'포함'의 왕국

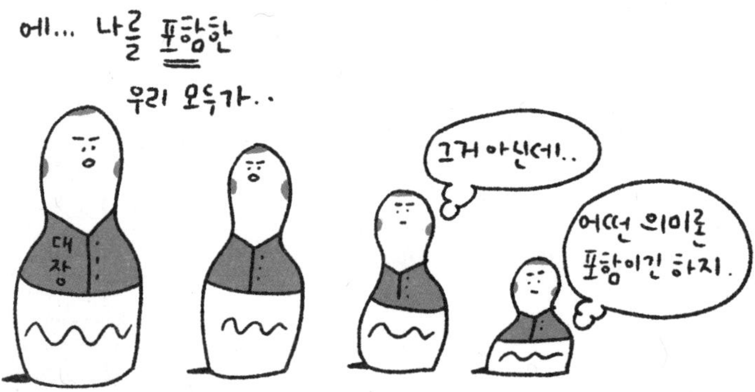
에... 나를 포함한
우리 모두가..
대장
그거 아닌데..
어떤 의미론 포함이긴 하지.

이쯤 되면 가히 '포함의 왕국'이다. 언제부터인가 언론에서 '포함', '포함하다'가 터무니없이 많이 쓰이고 있다. '포함'은 함께 들어 있거나 넣는다는 뜻이다. 주된 위치, 기능, 역할이 아니다. 제대로 된 그 몫은 '비롯하다'가 갖고 있다.

영문 텍스트 속 include, involve에 자주 노출된 것이 '포함하다' 범람의 계기가 된 게 아닌가 강한 의심이 든다. 그저 제1 번역어 '포함하다'에만 함몰되어 '비롯하다'까지로의 확장적 사고에 소홀했던 탓은 아닐까.

"이 학교 운영위원 9명 중 위원장을 포함한 4명이 ○○당 출신이라고 한다."

위원장이면 당연히 우두머리로서 '비롯하다'가 격에 맞는다. 따라서 "이 학교 운영위원 9명 중 위원장을 비롯한 4명이 ○○당 출신이라고 한다"로 써야 맞는 표현이다.

"내일은 울릉도, 독도를 포함해 전국이 태풍의 영향권에 들겠습니다." 이럴 땐 '포함하다'가 옳다.

'부분'이 그리 좋은가?

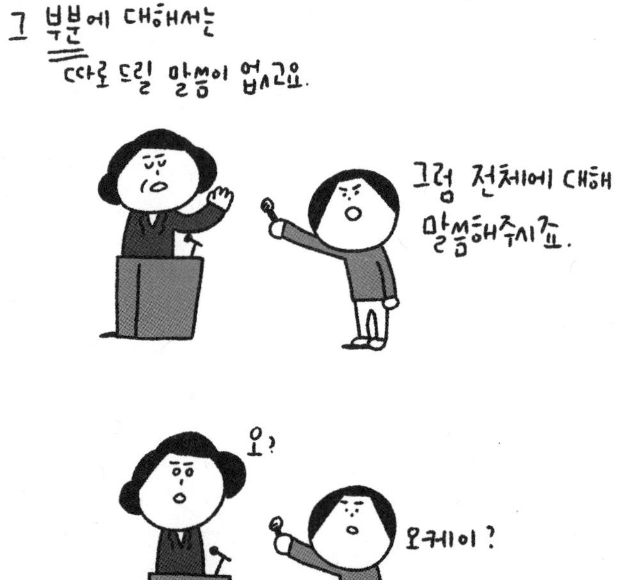
그 부분에 대해서는 따로 드릴 말씀이 없고요.
그럼 전체에 대해 말씀해주시죠.
오?
오케이?

"횡령을 한 부분은 아니고요, 다만 예산 오용 부분에 있어서는…."
"공급망 부분은 차질이 없고요, 차제에 거래선 다변화 부분에서…."

'부분'이 대유행이다. 과거 세미나, 포럼, TV 토론 프로그램 등에서 주로 해외파 '먹물'들이 많이 썼던 말이다. 그러던 것이 보통 시민들한테까지 악영향을 준 듯하다. 좀 교양 있고 뭔가 배운 티를 내고 싶을 때 '부분'이 자주 등장하곤 한다. 그 배경에 영어 'a part of'가 어른거린다고 의심된다.

대안으로 '일의 어떤 특정한 부분이나 대상', '이야기나 말글 따위의 특정한 부분'을 일컫는 '대목'이 있다. 대목은 더구나 순우리말이다.

'그 점點', '그 면面'도 대체어로 괜찮은 선택이다. 다만 '면'이 어딘가 허전해 보여 '면' 대신에 '측면'을 쓰는 경우를 자주 보게 되는데 측면은 말 그대로 한쪽 면이다. 그러니 흔히 말하는 "제가 본 측면에서는"은 적절치 않다. 자기 의견은 오롯한 것이다.

미리 기죽을 필요 없다.

“그건 사건의 측면에 해당하는 것이고요, 제가 인상적으로 본 대목은 나중에 나타난 목격자입니다.” “가해자 측에서는….” 이런 예가 바람직하다.

그 부분은 ⇒ 그 점은, 그 대목은

이런 부분에서는 ⇒ 이런 면에서는, 이런 점에서는

비용 측면에서는 ⇒ 비용 면에서는

허세로 쓰는 단어, since

'since'는 외래어 중에서도 변종에 속한다. 보통의 국민들이 자주 쓰면서 부지불식간에 인정하는 외래어는 대부분 한글 표기가 익숙하다는 특징이 있다. 플랫폼platform, 베란다veranda, 렌터카rent a car, 클리닉clinic 등. 그러나 since는 '신스'도, '씬스'도 거의 없다고 봐도 무방하다.

유독 상점 간판에 애용된다. 아직 우리나라가 선진국 소리를 듣기 전 언젠가 누군가 해외에 나갔다가 그곳 카페나 식당서 since를 보고 들여온 것이리라.

급기야 이제는 허름한 보쌈집 간판에도 since~, 꾀죄죄한 족발집 간판에도 since~, 조악한 카페 간판에도 since~, 쾨쾨한 분식집 간판에도 since~다. 좀 우스꽝스럽고 기괴하기까지 하다. 무엇보다 거북살스러운 영어 사대주의가 어른댄다.

1996년에 점포를 열었다면 소박하게 '1996년부터', '1996년 개업(창업)', '1996년 설립(세움)', '1996년 시작' 정도로 적으면 어떨까. '1996년 옒'이라고 하면 더 전향적일 테고.

우리말을 사랑하자는 차원을 넘어 이렇게 쓰는 것이 더 세련되고 근사하지 않은가.

굳이 since라고 쓰려면 적어도 100년쯤 된 회사나 노포는 돼야 그럴 듯하지 않을까 싶다.

기라성?

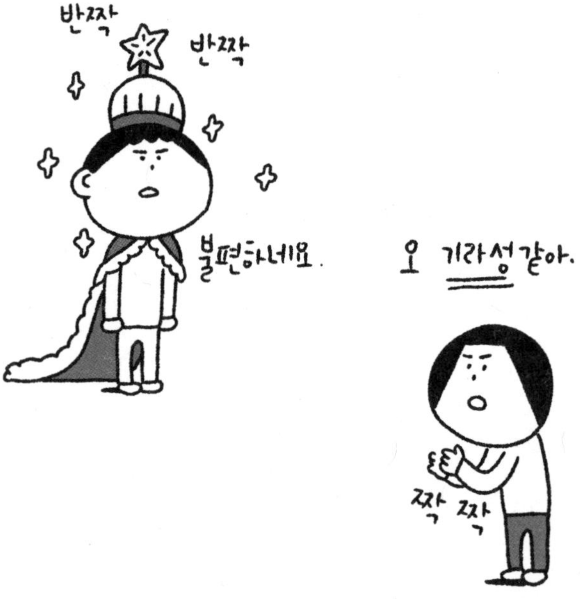
반짝
반짝
불편하네요.
오 기라성 같아.
짝 짝

각종 시상식, 혹은 여러 행사의 각계 전문가·유명인이 많이 모이는 자리에 이 말을 자주 듣게 된다.

"오늘 기라성 같은 분들이 많이 자리하셨습니다."

기라성綺羅星은 일본 말이다.

綺는 '무늬 있는 비단', 羅는 '얇고 고운 비단'이라는 뜻이다. 그러니까 기라성은 '비단 같은 밤하늘에 매우 빛난다'라는 의미다. 기라키라きらきら, 즉 일본 말 '번쩍번쩍'이란 부사에 星(별 성)을 붙여 きら星이라는 주장도 있다.

어찌 됐든 일본식이다. 대안은? 보통은 '쟁쟁한', '걸출한'을 제시하나 토박이말 '내로라하는'이 좋아 보인다. '내로라하다'의 어근이다. 이것도 '내노라하는'으로 틀리게 사용하는 사람이 많다. 가진 자들은 자꾸 상대에게 이것 내놔라, 저것 내놔라 하며 당치 않은 오만과 객기를 자꾸 부려 그런가? 아무튼 '기라성'은 이제 그만 쓸 일이다. 단어의 생김새도 그렇고 어감도 그렇고, 왠지 일본적이지 않나?

단도리?

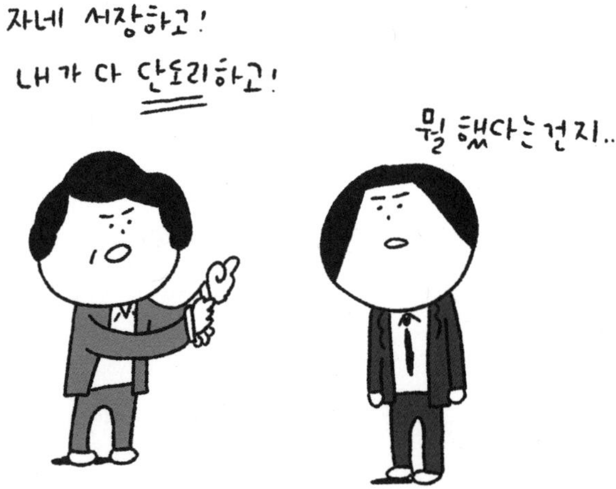
자네 서장하고!
내가 다 단도리하고!
뭘 했다는 건지..

"서로 다른 의견을 하나로 모으는 것, 아이디어가 채택되지 않아 뿔이 난 사람도 내치거나 튀어 나가지 않도록 '단도리'하는 것, 계속 남아 동료를 돕도록 하는 것, 그래서 생각도 입장도 다른 모두가 계속 '우리'로 일하게 하는 것, 이 모두가 커뮤니케이션이다."

어느 칼럼 중 일부다.
인용부호 속에 있으니 면피한 셈인가? 이런 건 아주 불가피한 상황에서만 가능하다. 가령 "내가 돈이 없지 '가오'가 없냐?" 같은 영화의 대사, 다른 사람이 말한 것, 그리고 말글의 무게가 상대적으로 가벼운 경우 등에 제한적으로 써야 한다.

단도리는 だんどり, 段取(り)가 그 실체다. 한자에서 유추할 수 있듯 일을 단계적으로 진행시키는 순서·방도·절차를 의미한다. 일본어에서 보통 '준비가 잘 되다', '순서를 정하다', '절차를 갖추다'라고 할 때 쓰인다.
우리말 순화어로는 '채비', '단속'으로 규정하고 있는데 일상에서는 '주의해 지켜보다', '마무리(를) 잘하다' 용도로 쓰인다. 규범과 현실의 괴리다.

여기서 '단도리'는 굳이 쓸 필요가 없다. 문맥상 '단도리하는 것' 대신에 '잘 보듬고 배려하는 것' 정도면 충분하다. 소통을 강조하면서 고린내 나는 일본 말을 동원해서야 되겠는가.

뗑뗑뗑?

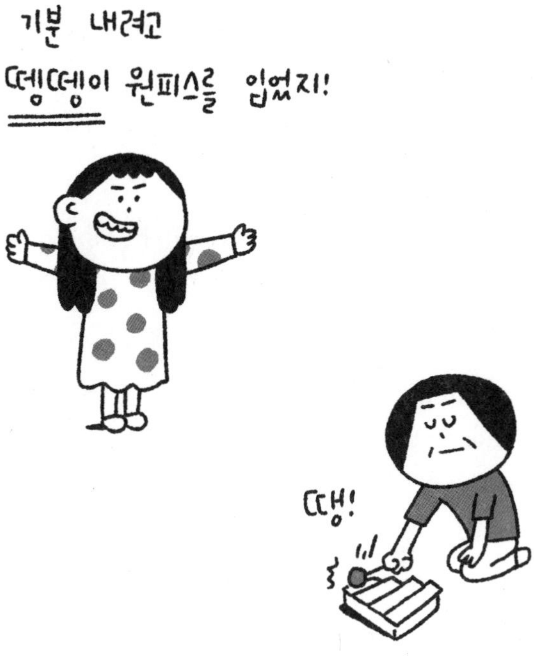
기분 내려고
뗑뗑이 원피스를 입었지!
띠앙!

TV나 라디오 프로그램에서 퀴즈 등을 풀 때 '○○○'만 나오면 너 나 할 것 없이 '뗑뗑뗑'은 무엇일까요? 하고 있다. 가히 요즘 가장 많이 쓰는 일본 말 같다. 뗑의 실체實體는 점點이다.
점이 일본 말로는 '뗀/뗑[てん]'이기 때문이다. 부지불식간에 대놓고 일본 말을 쓰는 셈이다.

대안은, 직접적으로는 '공공공(空空空)'이다. 사람이면 '아무개, 몇 자字입니다.' 아니면 '무엇일까요, 몇 글자입니다'가 바람직하다. 이게 번거롭고 무거우면 차라리 '삐리리'가 낫다. '공개하기 어렵거나 감추고 싶은 말 대신 쓰는 말'이 부사 삐리리다. '삐리릭'이 아니라 삐리리다. 또 뗑뗑이 무늬 옷이 아니라 '물방울무늬 원피스' 혹은 '점무늬 셔츠'를 권장한다.

이참에 짚어보면, 소수점 이하 숫자를 읽을 때에 '영零(0)'만을 고집하는 사람들이 있다.

0이 수數 단위니까 0.108을 '영점일영팔'[영쩜일령팔]로 읽으며 공空을 따돌리는데, 이는 하나만 알고 둘은 모르는 것이다.

당장, 휴대전화 앞번호 010은 '공일공'이다. 제임스 본드 007은 아직도 '공공칠'이다. 합리적 관용 존중이다. 영어도 그렇다. 1905년은 영어로 [나인틴제로파이브]와 [나인틴오파이브]로 읽는 것, 둘 다 인정한다.

'똔똔'도 잘 쓰이는 말이다. 아저씨들이 많이 쓴다. 역시 일본말이다. とんとん이 실체다. '엇비슷하다', '어상반하다', '팽팽하다' 등을 대신 쓸 수 있다.

'또이또이'는 우리말이다. '똑똑히'의 충청 방언으로 '비슷하다/똑같다/엇비슷하다' 뜻으로 쓰인다. 아직 표준국어대사전에는 오르지 못했으나 우리말샘(오픈사전)에서는 인정한다.

삐까뻔쩍?

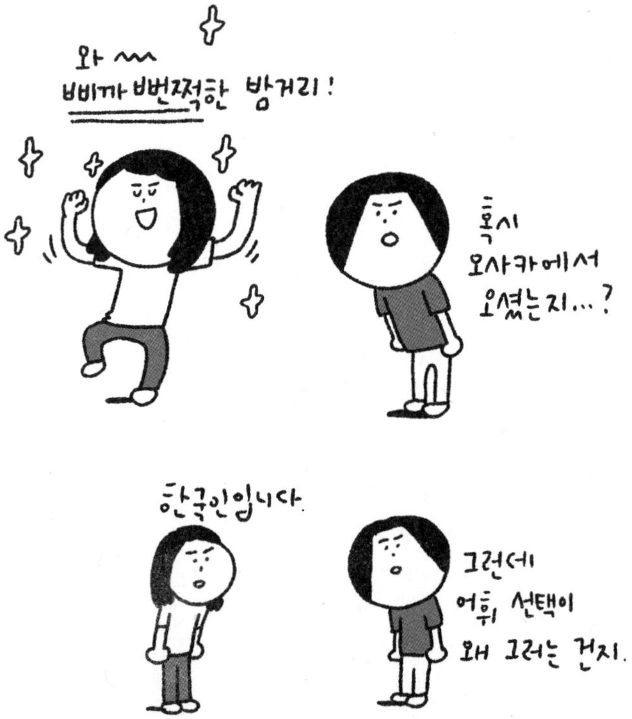
와 ~~
삐까뻔쩍한 밤거리!
혹시
오사카에서
오셨는지…?
한국인입니다.
그런데
어휘 선택이
왜 그러는 건지.

나이 든 사람, 그중에서도 아저씨들이 주로 잘 쓴다. 삐까ぴか가 일본 말로 '번쩍', '반짝', '뻔쩍', '빤짝' 등의 뜻이다. 그러니 '삐까뻔쩍'하면 잡탕 같은 이상한 말이 된다. "오늘 무슨 좋은 일 있나? 옷이며 구두며 번쩍번쩍하네?" 혹은 "멋진데. 아주 근사하구먼"이라고 고쳐 말해야 옳다.

'곤색'도 생명력이 질긴 것 같다. '감색紺色'의 '감紺'이 일본어 발음으로 '곤[こん]'이다. 그러니 이것도 한일韓日이 뒤섞인 말이다. 우리말로는 '감색', '진청색', '진남색'이다.

여름 생선 중 '아지'라는 생선이 있다. 아지의 실체는 アジ(鯵), 역시 일본 말이다. 우리말로는 전갱이다. 아지보다 발음이 어렵고, 음절이 하나 더 많으며, 무엇보다 생선 이름 같지 않아 덜 쓰이지 않았을까 짐작된다. 이제부터라도 아지라 하지 말고 전갱이라고 제대로 부르자.

섭씨/
화씨

Celsius
攝氏
라고 부르자!
그럼 우린 그대로
'섭씨'라고
부를게.
왜 남의 이름을 맘대로...
Andres Celsius

섭씨는 攝氏다. 정확히는 섭이사攝爾思다. 스웨덴 천문학자 안데르스 셀시우스Anders Celsius(1701~1744)의 이름이 중국어 음역으로 바뀐 것인데, 중국인들이 성姓의 앞 글자 섭攝만 따고 씨氏를 붙인 것이다. 그걸 그대로 들여왔다. 굴욕적인 일이다.

화씨는 더하다. 다니엘 파렌하이트Daniel Fahrenheit(1686~1736)는 지금은 폴란드 땅인 독일 단치히 태생 물리학자로 중국에서 이름이 화륜해華倫海로 둔갑한다. 성姓에서 Fa의 앞 글자 화華만 떼어내고 씨氏를 냅다 붙인 것이다. 그냥 그걸 받았다. 비루한 사례다. [f]의 [ㅍ] 대응도 속절없이 무너진다.

'이미 굳어진 외래어는 관용을 존중한다'가 현행 외래어 표기 5원칙 중 다섯째 조항이다. 그러나 새롭게 사정한다면 이건 고쳐져야 할 것이다. 언뜻 떠오르는 대안은 섭씨 대신 '셀 기온'이나 '셀 도度,' 화씨 대신 '파 기온'이나 '파 도度' 정도가 어떨까 싶다.

-적

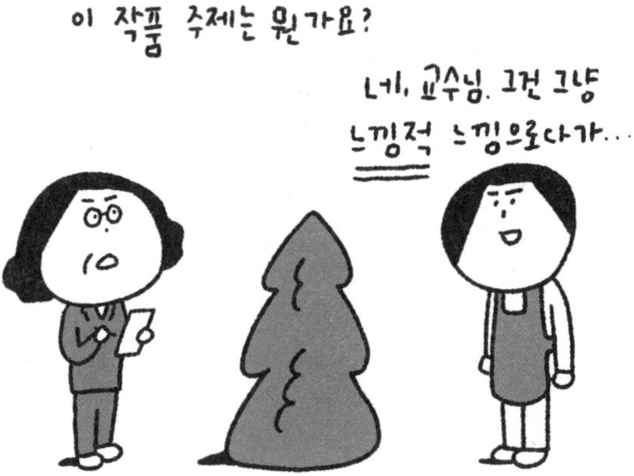
이 작품 주제는 뭔가요?
네, 교수님. 그건 그냥
느낌적 느낌으로다가…

F

'-적的'은 영어의 '-tic'에 해당한다. 'romantic'은 '낭만적', 'systematic'은 '체계적', 썩 잘 들어맞는다. '-적' 자체는 괜찮지만 남발되고 오용되는 것이 문제다.

"기분적으로 그렇게 하셨다는 것이죠?", "마음적으로는 아직 좋아하신다 그거죠?", "협조적으로 생각해주세요" 따위는 어색하고 이상하다. 홈쇼핑 방송에서 나오는 "오늘 가격적으로 유리한 상품이 많아요", "품질적으로는 흠잡을 데가 없어요" 등도 '-적'의 본래 용도를 벗어난 것이다. '-적' 앞에는 한자어 명사가 오는 것이 자연스럽다. 또한 '-적'을 떼어내도 뜻이 통하면 '-적'을 붙이지 않는 게 바람직하다. '실질적'은 오롯하지만, '실제적'은 '실제', '실제로', '실지'면 충분하다. '참고적', '직접적', '즉각적'도 '참고로', '직접', '즉각'이면 족하다.

패스트트랙에 태운다고?

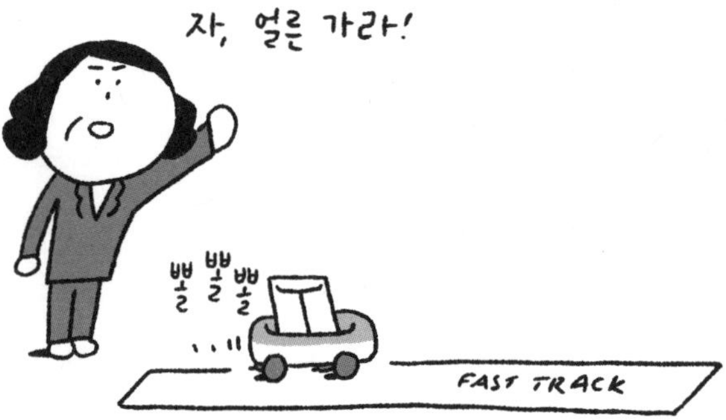

자, 얼른 가라!
뿔뿔뿔
FAST TRACK

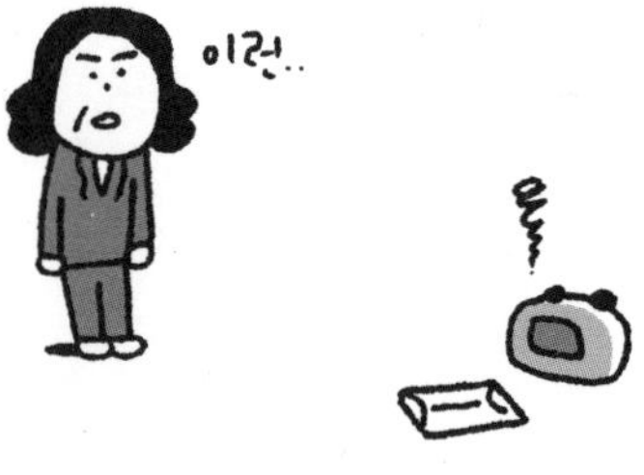

이런..

패스트트랙fast track은 '목표를 이루기 위한 빠르고 직접적인 경로'를 뜻하지만 보도 용어로는 국회에서 발의된 안건의 신속 처리를 위한 제도라는 뜻을 갖는다.

문제는 그 활용이다.

모름지기 사람은 '태우는' 대상이고 나머지 사물, 물건은 '싣는' 것이다. 물론 그 심정, 어느 정도 이해는 간다. '안건을 싣는다'고 하자니 이상할 수밖에.

그러나 명절 때만 되면 귀성객을 그렇게 실어 나른다고 하더니, 이제 와선 왜 그깟 종잇조각을 태운다고 부산 떨며 난데없는 의인화에 더해 존대에 나서는가.

정리하면 '태우다'는 틀리고 '싣다'는 어색한 것이다. 그러면 대안은? '패스트트랙(신속 처리 안건)으로 지정하다'가 여러모로 합리적이다.

참고로 '몸을 실어(싣다)'는 시적詩的 표현으로 봐야 한다.

파이팅?

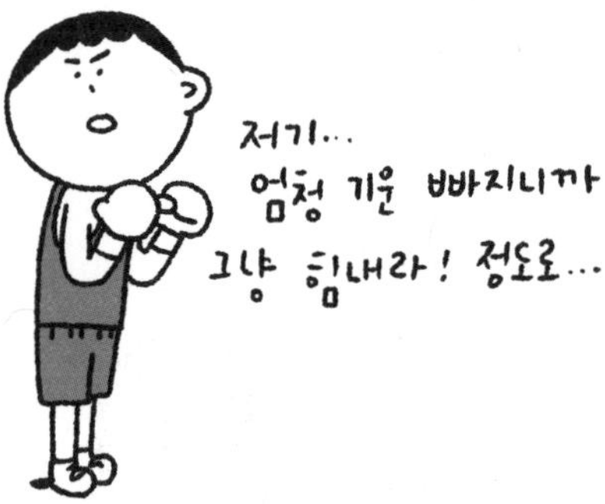
저기...
엄청 기운 빠지니까
그냥 힘내라! 정도로...

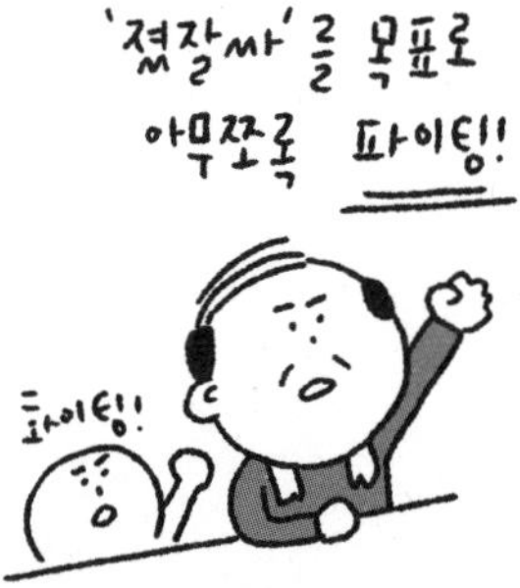
'졌잘싸'를 목표로
아무쪼록 파이팅!
파이팅!

'파이팅/화이팅'은 방송에서 일부 몰지각한 진행자들이 퍼뜨린 일본식 조어다. 복싱에서 양 선수가 공격 의지 없이 소극적으로 임할 때 심판이 '파이트fight'라고 하는데 여기에다 난데없이 명사형 어미 '-ing'를 덧대어 '힘내라', '잘해라' 등의 쓰임으로 바꾼 것이다.

대표적인 쟁글리시Janglish, 즉 일본식 영어다. 1980~90년대에 방송사들이 너 나 할 것 없이 일본 방송을 베끼던 시절이 있었다. '파이팅'은 그 물결을 타고 전가의 보도처럼 많이 쓰이게 됐고, 일반인들에게도 삽시간에 퍼졌다.

더 고약한 것은 정작 일본은 오래전 '화이또ファイト'로 회귀했다는 사실이다. 그렇다면 이제 당당히 콩글리시의 대표 격으로 대접해야 하는 걸까?

2021년 10월 런던발 기사가 흥미로웠다. 한류 관련 20여 개 단어가 옥스퍼드 사전에 새로 등재됐는데 한국식 영어 표현으로 '스킨십'과 '파이팅', 두 개가 포함된 것이다. 이로써 파이팅은 일종의 면죄부를 얻게 된 셈. 그러나 파이팅의 조야함은 여전하다는 생각이다. '파이팅 코리아'는 외려 촌스럽게 들린다. 이제는 단연 '힘내라 대한민국'이 대세다. 고무적이지 않은가. 파이팅 대신에 '아자', '으라차차', '아리아리' 등 다양한 고유어 표현들이 빠르게 힘을 얻고 있다.

삑사리?

TV 예능 프로그램에서 너무 많이 나온다. 일상에서도 젊은이고 나이 든 사람이고 두루 쓰는 것 같다. 일본 말 같긴 한데 일본어 사전에서 찾기 쉽지 않다. '삑'은 우리도 의성어로 쓰니까 괜찮은 것 같고, 어감도 꽤 재밌고, 대체어도 마땅치 않고…. 이런 여러 이유로 어물쩍 넘어가고 있는 듯하다.

'삑사리'는 한마디로 아주 고약한 말이다. 일본 말을 우리나라에서 다시 조합해 만든 수치스럽기 그지없는 단어다. '삑'부터가 우리의 '삑'이 아니라 일본어에서 경적 소리를 나타내는 'ぴいっ[삣]'에서 온 것이다.

여기에다 위치, 정도, 가치, 값 등이 내려가거나 낮아지는 명사 사가리/상아리さがり/下がり를 붙이되 중간의 발음 요소인 '가/아'가 빠지면서 형성된 말이다.

정리하면, '삑 소리를 내며 본래의 것에서 낮게 이탈한 것'이라는 의미다. 사람들이 많이 써서 어느 정도 보편성을 획득한 단어라도 일본 말을 우리말처럼 쓰는 것은 지양해야 하지 않을까.

빽사리를 당구에선 '헛치기', 노래라면 '음 이탈'로 표현을 바꿔 보자. 일상에서 어떤 일이 예상과 달리 좋지 않은 방향으로 갈 때도 '빽사리'를 쓰곤 하는데 옳지 않다. 이럴 땐 '일이 어긋나다', '상황이 꼬이다', '돌발 변수가 생기다' 등이 대안이다.

십팔번?

자 그럼 다음은
제 18번 인
소녀시대의...
18번 그거
아닌데.
18
사랑하고 싶어
-소방차
사랑하고 싶어 이젠
사랑하고 싶어라 ~
이 노래도 좋아함.

노래방의 이름과 분위기가 어느새 아득해지고 있다. 누군가 "넌, '십팔번'이 뭐야?" 하면 "그게 일본 말이래. 애창곡으로 해야 한다지?"라고 말할 정도로 십팔번은 많이 위축됐다.
그런데도 '십팔번'이 여태 생명력을 유지하는 이유는 아마도 그 소심한 폭발음 속에서 스멀대는 '유사類似 욕지거리 분출'이라는 카타르시스 때문이 아닐까 한다.

사실 '십팔번'을 '애창곡'이라고 바꾸어 부르는 것이 그다지 깔끔한 순화는 아니다. 그러나 많이 정착됐고, 이게 제일 낫다. 일본 말 '주하치반十八番(じゅうはちばん)'은 원래 유명한 가부키 가문의 교겐狂言 중 크게 히트한 열여덟 가지 목록에 붙인 이름. 교겐은 '짧고 우스운 이야기'를 말한다.

'18가지 교겐 목록'이라는 두루마리 종이는, 그래서 비싼 상자에 소중히 보관해온 전통이 있었다. 이걸 꺼낸다는 건 꽤 드문 일이었고, 그 두루마리 종이는 꼭 필요할 때만 선보였다. 십팔번은 그러니까, '아주 귀한 기회', '결정적 순간'이 원래 의미다.

18이란 숫자는 클래식 쪽에도 우뚝하다. '라흐마니노프의 파가 니니 주제에 의한 광시곡狂詩曲(랩소디) 중 제18 변주'라는 곡이 있다. 소박하게 시작하다가 낭만적으로 바뀌며 장중하게 끝난다. 3분 안팎이지만 유려한 선율미 덕에 영화, 광고 등에 숱하게 쓰였다. 그러고 보니 교겐(광언狂言)은 광시狂詩와도 통할 법하다. 18의 마법 같다.

유야무야?

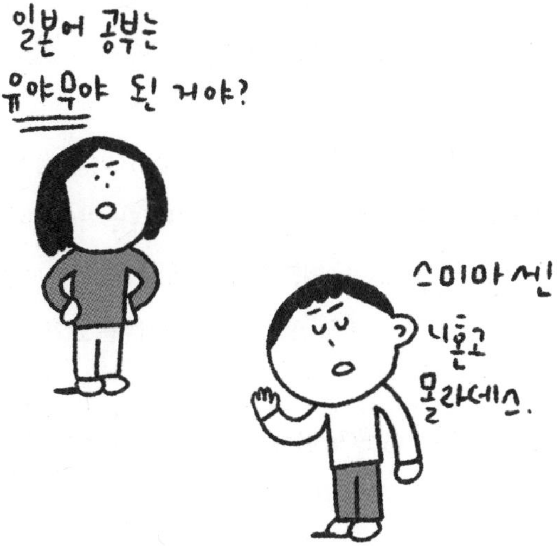

일본어 공부는
유야무야 된 거야?
스미마센
니혼고
몰라데스.

'유야무야有耶無耶'가 우리말인 줄 아는 사람이 적지 않다. 일본말이다. 옛 일본 노래 '아리야 나시야ありやなしや[有りや無しや]'에서 온 것이다. 나의 애인이 '살아 있는지 아닌지', 다시 말해 '있는지 없는지'의 뜻이다.

유야무야는 이것을 한문 스타일로 만든 것. 여기서 야耶는 우리말의 '나야', '그거야' 할 때, 그 '야'가 아니다. 의문疑問, 반어反語 등을 나타내는 일본식 어조사語助辭다. '있나 없나', '있는지 없는지', 이런 거다. 일종의 '토' 같은 역할이다. '토(를) 달다' 할 때의 그 '토'다.

히라가나로는 うやむや[有耶無耶/uyamuya]가 되는데 발음이 공교롭게도 우리와 거의 같다.

우리말엔 '유야무야'가 아닌 '흐지부지'가 있다. 더구나 토박이 말이다. 근사한 대안이다.

256

257

06

올바른 발음에 관하여

— 발음을 생각하다

'ㅐ'와 'ㅔ' 발음

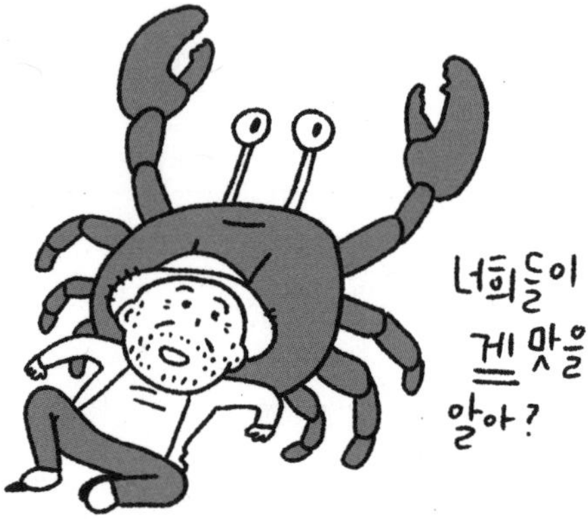
너희들이
게 맛을
알아?

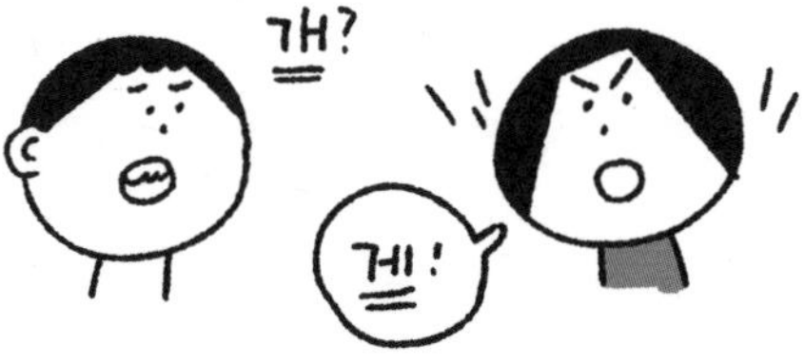
개?
게!

'ㅐ'를 'ㅔ'처럼, 'ㅔ'를 'ㅐ'처럼 발음하는 경향이 특히 젊은 층 사이에서 심각하다. 이 두 모음을 바르게 구분해 발음하는 것이야말로 정확하고 명료한 발음으로 가는 첫걸음이다. 사실 좋은 발음의 소유자가 되기 위해서는 무엇보다 모음의 음가音價를 정확히 내는 꾸준한 훈련이 필수다. 언제부턴가 입 주위 근육을 너무 안 쓴 탓에 모음을 제대로 발음하는 연습을 할라치면 흠칫 놀라는 이가 대부분이다. 그렇게 입을 크게 벌려야만 하느냐는 것이다. 답은 명백하다. 그렇다!

모음 훈련은 단언컨대 자신의 상상과 상식을 뛰어넘는 입 벌리기의 체화가 관건이다. 'ㅐ'는 치과에 갔다 상정하고 'ㅏ' 하며 입을 크게 벌리고는 그 상태에서 'ㅐ'를 만들면 가능하다. 더 간편한 방법은 입을 벌려 손가락 검지와 중지를 가로 형태로 가볍게 넣은 다음 'ㅐ' 하면 입 모양이 만들어진다. 이때 입 모양의 좌우 형태에 신경을 많이 쓰곤 하는데 상하上下의 벌림이 더 중요하다. '대다'와 '데다', '매다'와 '메다', '배다'와 '베다', '새다'와 '세다'를 발음부터 의미까지 모두 구별하는 이를 본 일이 드물다. '제일第一'과 '재일在日', '체증滯症'과 '채증採證' 같은 한자어는 더 말할 나위도 없다.

"너희들이 게 맛을 알아?"라는 유행어를 낳은 햄버거 광고를 기억하는가? '게'가 '개로 들리는 바람에 수많은 사람이 고개를 갸웃했었다. 그 이전 경험은 더하다. 웬만한 장년층이라면 아련한 향수와 함께 떠오르는 노래, '메기의 추억'이 있다. 앵글로색슨 냄새 가득한 그 이름 '매기(Maggy, Maggie: Margaret의 애칭)'를 그리워하는 내용의 한 미국 노래가 어느 발음 문외한의 손에 의해 '메기'로 표기되는 바람에, 적지 않은 국민들이 민물고기 메기를 뜬금없이 추억의 아이콘으로 소환해 매운탕을 벗했다. 허탈함과 쓴웃음을 넘어 이쯤 되면 블랙코미디 아닌가.

'ㅔ'는 입을 크게 벌린 'ㅐ'에서 혀끝을 한 단계 끌어 올린다는 생각으로 접근하면 수월하다. 그러면 자연스레 턱이 약간 올라가게 된다. 주의할 것은 입 모양을 의식적으로 옆으로 각지게 하는 노력이 필요하다는 것이다. 그래야 발음이 옹골차진다. 어느 정도 정착될 때까지는 인중에 약간 힘을 주는 것도 요령이다. '세상'이 [새상]이 되지 않도록, 제주도가 [재주도]처럼 벙벙해지지 않게끔, '네가'가 난데없이 [내가]로 변신하지 못하게 신경 써보자.

'ㅐ'와 'ㅔ' 관문을 통과하면 'ㅙ'와 'ㅞ'와 'ㅚ'가 기다리고 있다. 결론부터 말하면 요즘의 발음 현상은 'ㅙ'도 'ㅞ'처럼, 'ㅚ'도 'ㅞ'처럼 가고 있어 걱정스럽다. 이중모음 'ㅙ'는 발음의 끝에서 'ㅐ' 입 모양을 크게 유지하고자 하는 것이 중요하다. 'ㅞ'는 같은 맥락에서 'ㅔ'로 마무리를 짓는다. 문제는 'ㅚ'다. 'ㅚ'는 엄연한 단모음이다. 단모음單母音이란 이를 테면 단번에 잡스러운 소리 없이 깨끗이 나오는 발음을 뜻한다. 'ㅏ', 'ㅗ', 'ㅣ', 이런 것 말이다.

사달은 "'ㅚ'와 'ㅟ'는 이중모음으로 발음할 수 있다"라는 표준발음법 제4항 '붙임해설'에서 비롯됐다. 소리는 나 몰라라, 애오라지 문자에만 매몰된 일부 학자들이 발음의 정밀성보다 현실 발음의 편의만을 좇은 결과다.

자신들도 'ㅚ' 발음을 힘겨워하던 차에 일반 국민들의 수고로움을 덜어준다는 빌미로 무책임하게 대충 얼버무린 것이다. 어려운 발음이 있다면 그것을 제대로 발음하는 방법을 일깨우고 보급할 일이지, 엄연한 단모음의 정체성을 내버리고 유사시에는 이중모음으로 바꾸어 발음하라는 것이 과연 설득력이 있는가.

이는 외래어 표기법의 정착과도 대척한다. 외래어의 정치精緻한 표기를 위해 한국어의 어문·문자 체계와는 거리가 먼 '튜(튜브)', '블(블라우스)', '뷔(뷔페)' 등의 음절을 수용했고 그러한 표기를 통해 한국인의 발음 스펙트럼 확장이라는 뜻밖의 성과를 거두기도 했다. 'ㅚ'만 보더라도 '뢴트겐 검사', '뫼비우스의 띠', '푄 현상'이 오롯한데 'ㅚ' 발음도 되고 'ㅞ'도 된다고 하면 뭐하러 'ㅚ'로 적으란 말인가?

최소한 어두語頭에는 'ㅚ'를 지키는 것을 원칙으로 하고, 어말語末에서는 'ㅞ'를 인정하는 쪽으로 바루어야 한다는 생각이다. 모국어의 단모음을 반듯하게 구사하려 노력하는 이들을 격려하지는 못할 망정 그 의욕을 묻히게 한다? 이건 아닌 것이다. 참고로 'ㅟ'와의 형평성을 지적하는 이들이 있지만, 'ㅟ'는 우리말 모음에 그 음가를 혼란스럽게 하는 다른 모음이 없어 다행히 문제가 없다.

좋은 음성은 현대인에게 매력적인 경쟁력이다. 그러나 음성은 다분히 선천적인 것이다. 발음을 정확하고 명료하게 만들면 목소리가 좋은 것으로 인식되는 것 이상의 이미지를 얻는 효과가 있다. 마다할 이유가 없지 않은가. 당장 입 주변 근육을 풀고 입을 크게 벌려보자. 가능하면 입안 뒤쪽에서 소리 내는 연습부터 시작하면 된다.

앵커들의 악센트 전도

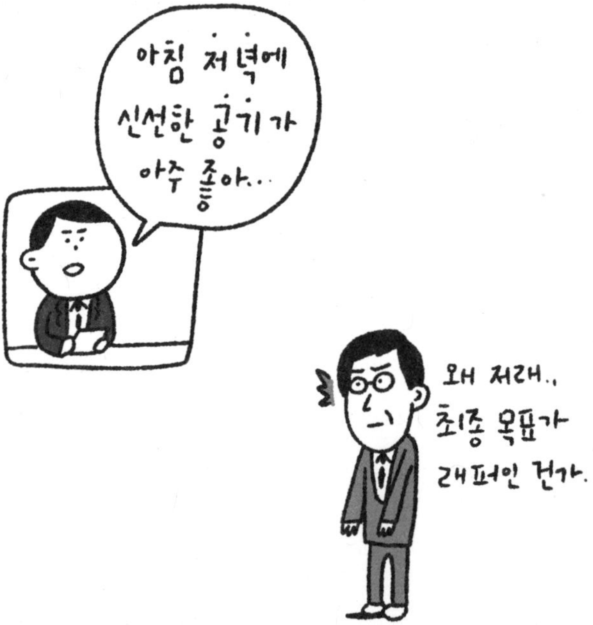
아침 저녁에 신선한 공기가 아주 좋아..
왜 저래.. 최종 목표가 래퍼인 건가.

최근 TV 속 일부 앵커들의 읽기(리딩)에서 악센트 전도顚倒가 심각하다. 복합 명사(형)이 나오기만 하면, 기다렸다는 듯 뒤엣것에 힘을 준다. 시쳇말로 '있어 보여서'인가?

신선한 공기 | 푸드 세이버 | 미백 화장품 | 황금사자상 | 중년의 사랑 | 정치적 주장 | 건조주의보 | 이름과 사진 | 교육과정 | 올가을 | 학점 관리 | 취업 비자 | 검찰의 표정 | 한국 영화 | 공항 에피소드 | 강제 퇴거 | 취업 준비생 | 아침저녁 | 만 오천여 건 | 면역 기능 | 탈모 스트레스 | 고급 정보 | 성게 국수 | 꽃 박람회 | 돌발 변수 | 핵심 역할 | 고가 장비 | 거리 예술 | 온 가족 | 전면 중단 | 뇌종양 | 최고의 날씨 | 색깔 논쟁 | 수학과 과학 | 바이오 화학 | 급성 폐렴 | 해결 방법 | 손편지 | 후폭풍

마치 무엇에 홀린 듯 모두 뒤의 단어에 무게중심을 둔다. 그리 길지 않은 단위 시간에도 이런 오류 현상을 수시로 접하게 된다.

이 황당하고 얼토당토않은 불상사의 이유는 뭘까? 혐의 중 하나는, 신체 언어의 겉멋에 젖은 '고갯짓 연출'의 파국이라고 본다. 의미 요소는 제쳐두고 제멋대로의 호흡에 맞춰 강조점을 찍다 보니 이런 변고變故가 터지는 것이다. 영어 등 구미어의 영향도 엿보인다. 일찍부터 외국어 텍스트에 노출되고 중간과 후미를 넘나드는 악센트 서핑에 미혹된 터에, 영미 방송의 현란한 표정 연출이 적이 멋스러워 보여 한국어 뉴스 리딩에 괴이하게 접목한 것 같다고나 할까.

한국어는 억양과 강세가 있긴 해도 그 폭이 도드라지지 않는다. 더구나 공적인 언어 공간에서는 정중어법鄭重語法에 대한 암묵지暗默知까지 작용하기에 그 정도가 완만해야 정상이며, 그래야 한국어답다. 강약·중강약, 강약약·중강약약, 이 소중하고 빼어난 셈여림을 저버린, 약강식弱強式의 삐딱한 엇박자 리듬 탑재는 어불성설이다. 당연히 수용자·시청자는 거북스러운 이물감에 빠질 수밖에 없다.

음의 길이와 강세를 혼동하는 현상도 포착된다. 장음長音이라 쓰고 악센트라 읽는 꼴이다. '사:람[사:람]'이 사람[싸람, 'saram]으로, '화:병火病[화:뺑]'이 화병[화뺑, 'hwa'bɜŋ]으로 무시로 탈바꿈한다. 장음 구사를 못하거나 귀찮거나 몰이해한 안타까운 현상이다. 절정의 재앙은 악센트의 뒤바뀜도 모자라 자의적으로 동시에 이루어지는 '장음 강세로의 강제 모드 변환'이다. 멀티 자책골이라고나 할까?

'아름다운 암굴왕暗窟王'하면 얼추 형용모순에 해당할 것이나 오늘도 HD 화면을 부단히 장식하는 이 '통탄할 읽기'가 소위 인기 앵커들에 의해 이루어지고 있다. 각 방송사들의 교육·훈련 기능이 실종된 탓이 가장 크다.

적절하고 효과적이며 근사한 말하기에 대한 관심은 매우 높다. 그러나 그에 앞서 정확하고 아름다운 읽기(리딩)에 대한 관심과 고찰이 필요하다. 기초가 되는 밑절미는 의당 개별 발음의 정밀한 음가 찾기라 할 것이다. 표준문자에 쏟는 에너지와 인프라의 반절만 표준발음 쪽에 투입해도 우리 발음·읽기·말하기가 진일보할 것으로 확신한다. 차제에 한국어의 표준 억양·표준 어조·표준 강세에 대한 파천황破天荒적 연구도 기대해본다. 관련 학계의 구루Guru들이 의기투합해 불가역적 대세인 읽기·말하기의 노둣돌을 쌓는 노력을 게을리하지 않는다면 충분히 가능하다고 본다.

‘정’의 발음

우선 正이 있다. '바르고 곧다'라는 뜻이다. 正은 긴 발음으로 [정:]이다. 정말은 正+말이다. '전혀全-', '도저히到底-', '기어코期於-'처럼 한자어와 우리말의 합성어이다. 어쨌든 표준발음은 [정:말]이다. 正直[정:직], 正確[정:확], 正正堂堂[정:정당당] 해야 올곧게 들린다. 정조正祖 임금도 [정:조]다.

正은 또한 설날을 한자로 원정元正이라 하듯 '시작'의 의미가 있다. 또한 정정訂正에서 보듯 고쳐서 새로이 한다는 뜻을 품는다. 시작의 의미를 갖는 '정월正月', '정초正初'는 예외적으로 짧게 발음한다. [정월], [정초]다.

고유어 '정'은 대표적으로 돌을 쪼는 연장의 '정'과 '정 그러시겠다면' 할 때의 '정'이 [정:]으로, 둘 다 길게 발음한다. 길 것 같은데 짧은 '정'도 있다. 정통精通, 정밀精密, 정중동靜中動, 정상참작情狀參酌 등이다.

지명, 자연물 이름 중 강원도 정선군旌善郡은 짧고, 천안-논산 간 도로를 관통하는 정안면正安面은 길다. 일산 정발산鼎鉢山, 제주 정방폭포正房瀑布도 길게 소리 내야 맞는다.

정관장正官庄도 긴 발음이다. 뜻은 관官의 장원莊園, 전장田莊에서 만든 바른(믿을 수 있는) 홍삼이란 의미다. 과거 가짜 고려삼과 구별하기 위해 실제 이렇게 썼다고 한다. 庄은 莊의 속자俗字다.

반면 정로환征露丸은 짧다. 일본이 러일전쟁을 치를 때 병사들이 더러운 물 때문에 배탈이 날까 봐 만든 약이다. 러시아, 즉 로서아露西亞를 정벌征伐하기 위해 만든 약이라는 의미다.

인명人命 중 성씨姓氏는 크게 나라 정鄭과 고무래 정(장정 정)丁으로 나뉜다. 鄭氏는 200만 남짓 인구를 자랑하는 5위 대성大姓이다. 주요 성씨 가운데 유일하게 장고모음長高母音이라 특히 유의미하다. 낮고, 깊고, 길게 소리 내야 제대로 발음하는 것이다.

그러기 위해선 상대적으로 혀끝의 위치를 보통 [ㅓ]보다 높게 잡고 턱을 앞으로 약간 내밀 듯해야 한다. [정:]은 거의 [즈:엉]이라 생각하면 수월하다. 정:도전, 정:몽주, 정:선(겸재), 정:철(송강) 모두 정가鄭家다.

丁氏는 35~36위권이다. 앞의 나라 정씨와는 달리 짧게 발음한다. 그래서 의미 있다. 가장 유명한 이는 다산茶山 정약용丁若鏞이다. 그러니 [정:야공]이 아니라 [정야공]이다. 鄭과 대비되게끔 짧게 소리 내야 옳다.

참고로, '정녕 가시렵니까?'에서 '정녕'은 고유어 같지만 丁寧이다. 덴마크의 가차음假借音, 음역어音譯語는 정말丁抹이다.

'거'와 '거:'

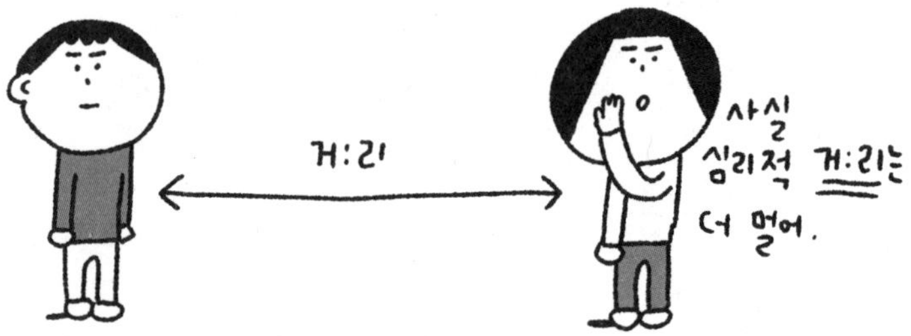
거:리
사실
심리적 거:리는
더 멀어.

거리. 이 단어의 발음 하나만으로도 언어 감각, 소리의 감수성을 알 수 있다. 일반 시민이 [거:리]라고 의식적, 또는 무의식적으로 길게 소리 낼 때 일종의 경외감을 갖는다. 그렇다! 긴 발음 [거:리]는 distance, '간격'이다. 짧은 [거리]는 street, '길'이다. 이걸 모르더라도 감각적으로 street와 distance를 구분해야 할 것 같다는 느낌의 탑재가 소중하고 가치 있다.

하물며 전문 방송인이 이 간격의 [거:리]를 [거리]로 짧게 무심히 발음하는 걸 목격할 때면 안타깝고 불편하다. '길고/낮고/깊게' 발음하는 [ㅓ:]의 존재를 의식했으면 한다. [언:제] [얼:마나] [커:다랗다] [천:천히] [덜:] [먼:(곳)] [(눈에)선:하다] [(돈)벌:다] [(양이)적:다] [헌:(옷)] [건:기] 등 고유어만 해도 수도 없이 많다.

기술적으로는 입안 혀의 위치를 약간 높이고, 턱을 살짝 든다고 생각하면 어느 정도 발음의 모양이 만들어진다. [ㅓ:] 소리를 어떻게 구사하는가는 어쩌면 언어적 감수성 영역의 교양인임을 판단하는 기준 중 하나일 테다.

[거:]는 장고모음長高母音이라는 정체성을 지닌다. 소리는 길고, 깊고, 낮게 들리지만, 그 소리가 나는 입안, 혀의 위치는 상대적으로 높다는 의미다. 짧은 [거]보다 혀의 위치가 높은 데서 출발한다는 말이다. 우리의 입 모양은 옆으로, 가로로 만들수록 아래턱이 조금 나오면서 혀끝은 올라가는 특징이 있다.

주의할 점은, [거:]는 '거'를 물리적으로 그저 길게 늘이는 것이 아니라, 아예 다른 음을 낸다고 여기라는 것이다. 영어로 따지자면 early, pearl의 [ɜːr] 소리에 근접한다.

중장년층 중 어느 정도 발음 감각을 탑재한 이들은, 그러나 과도한 [어:]를 유의해야 한다. 바로 [으]까지 전이되는 현상이 발생하곤 하기 때문이다. 가령 [거:지]의 경우, 어떤 이는 과욕을 부린 탓에 [그:지]로 발음하기 일쑤며 그것이 체화되는 불운을 맞는다. 이건 혀끝을 너무 올린 탓에 빚어지는 비극이다. [증:말] [은:제] [그:짓말] [드:러워] [승:질]등의 오발음誤發音도 같은 경우다.

'거'는 유난히 긴 발음이 많다. 디테일을 추리면 다음과 같다.

巨(거)는 감각적으로 길게 하고픈 느낌이 들지 않나? 거:부巨富, 거:액巨額, 거:장巨匠 등이다. 지명으로는 거:여동, 거:문도, 거:차도, 거:진항, 거:잠포 등이 있다.

擧(거)도 길다. 擧動, 擧論, 擧行은 거:동, 거:론, 거:행이라고 해야 근사하게 들리리라. 거拒도 중요하다. 거:부拒否, 거:절拒絶, 거:역拒逆이다. 거:래去來, 거:취去就, 거:두절미去頭截尾 등에서의 去도 길다.

마지막으로 거:점據點의 據까지 섭렵하면, 웬만한 긴 [거:]는 마스터했다고 볼 수 있겠다. 그러나 짧은 '거' 몇몇이 도사리고 있다. 여기부터는 남다른 전문성을 필요로 한다. 상식이라고 여겨지는 것들과 다른 게 많기에 그렇다. 거居가 대표적인데 놀랍게도 짧게 소리 난다.

거실居室, 거중조정居中調整, 거지반居之半, 거주지居住地 등이 그 예다. 지명으로는 경남 거창군居昌郡과 전남 거금도居金島가 여기에 속한다. 상환償還과 짝을 이루는 단어 거치据置와 물건을 지탱하는 거치대据置臺도 같은 거据를 쓰며 짧게 소리 난다.

불고기와 물고기

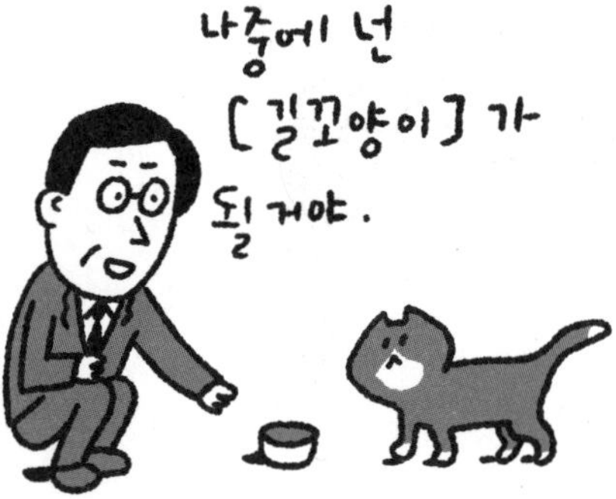
나중에 넌
[길고양이]가
될 거야.

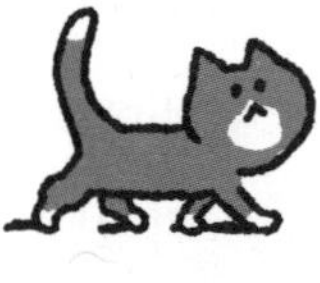

불고기는 그냥 [불고기]라 발음하고, 물고기는 [물꼬기]라고 소리 낸다. 왜일까?

우선 불고기의 정체성을 보자. 그냥 '불에 구운 고기'가 맞나? 틀리진 않으나 어딘가 부족하다. 불고기는 불을 사용하긴 해도 그 형태에 있어 조린 국물과 당면, 채소가 어우러져야 불고기다. 곧, 그 음식을 적확히 표현하기엔 어딘가 성기고 허술하다. 복합어인데 착 붙는 합성명사으로서의 조건이 미흡한 채로 굳어진 걸로 보인다. '불갈비'가 [불깔비], '불백'은 [불빽]이 못된 이유이기도 하다.

그에 비해 물고기는 '물에 사는 고기'가 오롯하다. 들이나 산에 사는 고기는 다종다양해 뭉뚱그리기가 어렵다. 게다가 그건 너무 흔해 따로 명명命名하기도 옹색하다. 그러나 물고기는 단독자單獨者다.

다음은 길고양이의 발음.

[길고양이]? 아니면 [길꼬양이]? 지금은 [길고양이]지만 나중

엔 [길꼬양이]가 될 것으로 본다.

같은 원리다. 복합어의 발음은 '관성慣性의 농도濃度'가 좌우한다고 생각한다. 한 단어로 인식되면 적극적으로 경음화, 음운첨가 등 음운현상이 활발히 작동한다.

서울의 삼일교회나 경동교회에 다니는 교인에게는 [삼일꾜회] [경동꾜회] 발음이 일반적이다. 아산병원, 삼성병원의 의사나 간호사, 그리고 자주 내원하는 환자는 [아산뼝원] [삼성뼝원]이 입에 붙는다.

[중부찌방]이라고 하면 어색함이 없는데, [동부찌방], [서부찌방]은 낯설다. [남부찌방] [북부찌방]은 그 중간쯤 어딘가의 느낌이다. 근친覲親과 접촉接觸의 강도, 빈도에 따른 결과다.

장고모음 長高母音

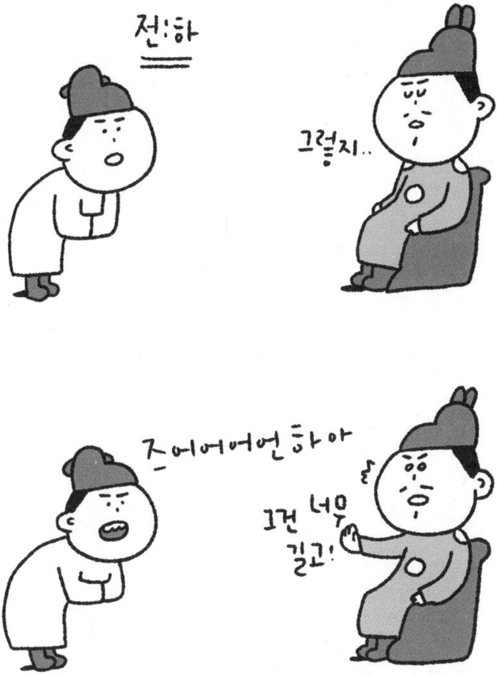

전:하
그렇지..
즈어어어언하아
그건 너무 길고!

'우리말은 장단이 있다.' 맞는 명제다. 그러나 '한국어에는 고저장단高低長短이 있다'라고 해야 더 튼실한 진술이다. 'ㅓ:, ㅕ:, ㅝ:'는 조음調音의 위치가 높고, 'ㅓ, ㅕ, ㅝ'는 반대로 낮다. 이걸 살려내야 읽기와 말하기에 전달력이 강화되고 음악성이 살아난다. [검:찰]이라고 해야 서슬 퍼런 엄정함이 느껴지고, 벌받아 마땅할 인간은 [범:인] 이라 해야 걸맞다. [먼:곳]이라야 아득해 뵈고, 입었던 옷은 [헌:옷]이라 해야 느낌이 닿는다. [여:론]이라고 해야 두루 묻고 들은 듯하고, [변:화]라야 정말 바뀌는구나 실감이 난다. 억울함은 [원:망]이라야 감이 잡히고 [뭔:가] 해야 사뭇 궁금해진다.

정통 사극을 보면 존재감이 한층 더 다가온다. 신하들이 왕을 뭐라 부르던가. 殿下[전:하]라고 한다. 세자는 邸下[저:하]다. 임금이 있는 곳은 御殿[어:전]이요, 그의 명령은 御命[어:명]이다. 이걸 짧게 발음하면 극의 분위기가 살지 않을 터. 'ㅓ:, ㅕ:, ㅝ:'의 실재實在는 이토록 오롯하다. 가히 우리말의 멋과 맛과 격을 살리는 보루堡壘라고 할 만하다.

특히 우리 고유어에서 이 장고모음을 잘 지키면 읽기와 말하기

자체가 훨씬 맛깔나고 세련돼 보인다. '언:제', '얼:마나'를 올곧게 쓰고 '적:다(量)'와 '적다(記)', '없:다(無)'와 '업다(背, 負)', '걷:다(步)'와 '걷다(袖)'를 구별하고, '멀:다(遠)', '벌:다(得)' 등을 능란하게 부리면 어느새 멋스러운 읽기의 문턱에 서 있음을 느끼게 될 것이다.

경위經緯라는 한자어가 있다. 기다란 실과 어긋나는 실이다. 세로로 걸친 긴 실은 기준이 되는 경經이고 좌우의 그것이 위緯이다. 장단을 품고 있는 보통의 한국어 모음이 경經이라면 'ㅓ:, ㅕ:, ㅝ:', 이 셋은 멋들어진 이단異端의 소리를 갖는 위緯에 해당한다.

그렇다면 일일이 고저장단을 외워 익혀야 하는가, 이런 질문에 맞닥뜨릴 것이다. 답은 외길, '그렇다'.

적이 당혹스럽지만 발상을 조금 바꿔보면 마음이 어느 정도 가라앉는다. 소싯적 영어라는 외국어를 처음 접했을 때 얼마나 뜨악하고 생경했던가. 그러나 점점 사전을 가까이하며 그 뜻과 용법을 익히면 설령 모르는 단어와 어려운 문장이 나와도 당황

하지 않고 차츰 적응할 수 있었던 경험, 누구나 없지 않을 것이다. 재미를 붙여 자꾸 찾고 익히면 가능하다. 무엇보다 외워야 할 것, 지켜야 할 것이라는 강박이나 구속이 아니라, 내 읽기와 말하기 역량을 향상시켜주는 강력하고 고마운 도구 혹은 기술이라고 인식하면 좋을 것이다.

장長의 발음

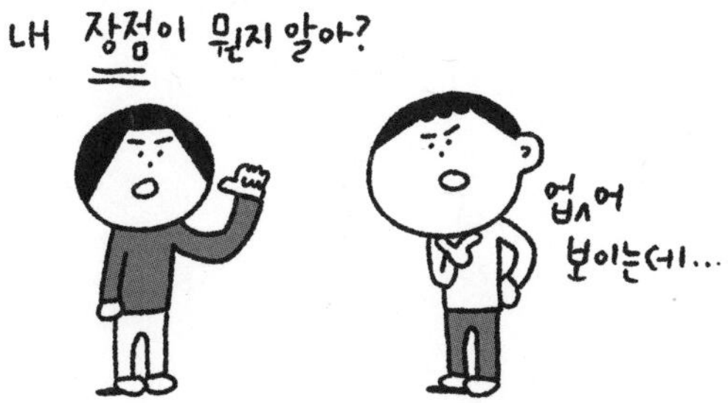

내 장점이 뭔지 알아?
없어 보이는데…

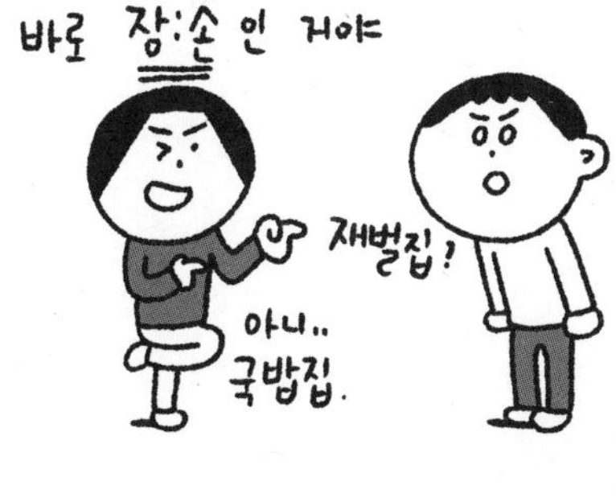

바로 장:손인 거야
재벌집?
아니.. 국밥집.

흔히 '긴 장'으로 통하는 長은 묘한 글자다. 놀랍게도 '길다'라는 의미일 때, 발음은 오히려 짧게 하는 것이 맞는다.

長身[장신], 長髮[장발], 長考[장고]다.

長을 만만히 보면 안 되는 이유가 있다.

종종 간과하는 점인데 '長'은 'prime', 'premier의 뜻도 품고 있다는 사실이다. '으뜸', '제1의', '최고의' 의미로 쓰일 때 '長'은 비로소 길게 발음된다.

長孫[장:손], 長官[장:관], 長老[장:로(노)]다.

길다는 뜻의 長만 보면, 괜스레 길게 발음하고 싶은 마음이 드는 건, 어찌 보면 자연스럽다.
그러나 때로, 정확한 발음은 이렇게 허를 찌른다. 그래서 오히려 흥미롭다.

참고로, 재미있게도 장점長點은 단점短點[단:쩜]과의 상대성, 대조성으로 다루기에 [장쩜]이라고 짧게 소리 난다. 단점은 반대로 길게 발음해 [단:쩜]이다. 유쾌한 반란의 미학이다. 짧다는 뜻이지만 반대로 발음은 긴 것이다. 짧은 [단쩜]의 유혹과 관성에서 벗어나보자.

그러니, 키가 작다고 할 때에는 [단:신]으로 길게, 키가 크다고 할 때에는 [장신]이라고 짧게 발음해야 맞는다.

'이설주'와 '최용해'

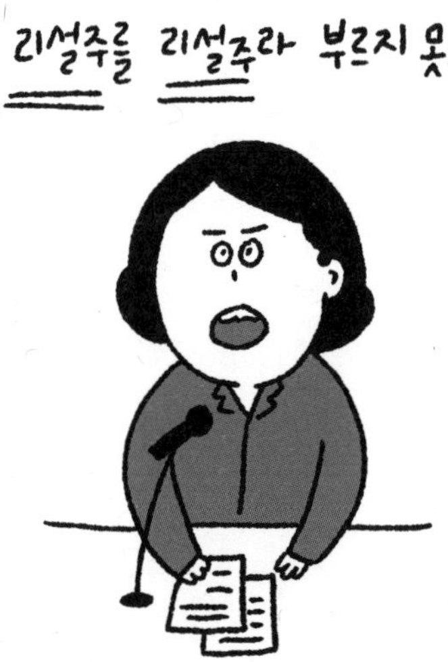
리설주를 리설주라 부르지 못하고...

'이설주', '최용해'는 대체 누구인가?

결론부터 말해 이제는 '리설주', '최룡해'가 맞는다. 실제로 사용되는 그 이름이라야 북한의 그 사람을 명백히 가리키게 된다. 그런 정보 전달력을 가짐으로써 남한 사람도 익숙하고 편하게 만든다. 즉 이젠 리설주, 최룡해라야 인지조화認知調和가 원활하다는 말이다.

주요 언론 매체 중 유독 한 신문만 아직도 이설주, 최용해를 고집하고 있다. 그러한 표기 방침은 아마도 다음 주장에 기반할 것이다.

"1992년 10월 19일 국어심의회 한글분과위원회는 원칙적으로 북한의 고유 명사 표기도 한글맞춤법을 준수해야 한다고 결정했다. 2013년 5월 30일 '최용해/최룡해, 이설주/리설주' 표기가 혼란스러워지자 국립국어원은 '량강도'와 '로동신문'도 '양강도', '노동신문'으로 쓰라며 '북한 고유 명사 표기 시 두음법칙 적용'을 재차 강조했다."

그런데 그러한 결정을 한 시점이 자그마치 30년이 넘었다. 그동안 남북관계는 긴장과 화해 국면의 롤러코스터를 탔다. 우리 음운체계의 '두음법칙을 따르라'는 건조하기 짝이 없는 무신경한 결정에 안주할 때인가.

리설주만 봐도 그렇다.

"성姓이 사람의 혈통을 표시하는 고유명사로, 일상생활에서 본래 소리 나는 대로 사용해 온 사람에게까지 두음법칙을 강제해 기존에 쓰던 표기를 사용하지 못하게 하는 것은 헌법상 기본권인 인격권 또는 자기결정권을 침해할 소지가 있다고 판단한다."

2007년 대법원 판결이다.

그 예규로 라羅 씨와 류柳 씨를 '라', '류'로 적는 게 가능해졌다. '류현진'이 그 예이고, '라미란', '라종일', '라건아'도 있으며 심지어 남한의 이李 씨도 '리'로 적는 이가 존재한다.

최룡해는 게다가 두음법칙에 해당되지도 않는다. 남한 사람도 이름 중간 글자와 끝 글자에 수두룩하게 'ㄹ' 초성을 쓴다. 고려진, 명로준, 박라민, 최리현, 이미류, 김영라, 정래현, 황우루, 조린, 장룡 등.

내각 부총리 '리룡남'은 가장 당혹스러울 것이다. "당신 이름이 남한에서는 이용남입네다!"라고 하면 "뭐라, 이용남? 와! 고조 내레 감격시럽구만" 하고 반응할까? 그렇게 상상하기 어렵다. 그 반대일 가능성이 농후하다.

사람 이름자에 쓰일 때 복수 표기가 가능한 한자가 꽤 있다. 龍(용/룡), 倫(윤/륜), 烈(열/렬), 律(율/률), 林(임/림/님), 魯(노/로), 麟(린/인), 羅(라/나), 來(래/내), 利(리/이), 麗(려/여) 등이다.

'선동열'은 사실 '선동렬'이 옳다. 그러나 가장 큰 기준은 본인의 의사다. 그래서 '선동열'이다. 윤석열 대통령은 묘하다. 열 자가 기쁠 열悅이다. '렬'이 아니다. 그래서 [윤서결]로 소리나는 게 설득력 있으나, 과거 검찰 출입 기자들이 물었을 때 본인은 어려서부터 주위에서 [윤성녈]로 불렀다고 하면서 [윤성녈]로 발음해달라고 밝힌 바 있다. 그러면 [윤성녈]이다.

고 강원룡 목사는 [강원뇽], [강월룡] 둘 다 가능하나 본인이 [강월룡]을 선택한 것으로 알고 있다. 원로 아나운서 황인용도 龍 자를 쓰는데, 이분은 '용'으로 표기하는 바람에 자연스레 [황이뇽]이 되었다. 寧 자도 재밌다. 고 이어령 선생은 '령', 신궁神弓이라 불렸던 양궁의 김수녕 선수는 '녕', 저술가 리영희는 '영'으로 썼던 것이다.

빼놓은 게 있다. 국내의 수많은 진짜 '이설주', '최용해', '이용호', '이용남' 들이다. 자신의 이름을 TV 뉴스 속 북한 소식에서 접할 때마다 어떤 기분이겠는가 말이다. 짐작건대 뜻 모를 당혹감, 더 나아가 열패감 비슷한 기분이 들지 않을까? 이분들은 이렇게 생각할 수도 있다. '아니, 왜 난데없이 리설주. 최룡해, 리용호, 리룡남이라는 명백한 북한인 이름이 내 이름으로 둔갑해 나를 당황스럽게 하는가!'

이런게 바로 '정보의 관리와 해석'이라는 지평이다. 북한 인명이라는 정보를 어떻게 관리하고 해석해야 수용하는 사람들이 혼란을 겪지 않고 동의할 수 있는가. 가장 중요한 이 대목을 국립국어원은 간과한 것으로 보인다. 안타깝다.

부록

복습 퀴즈

A. 다음 중 맞는 표현을 고르세요

1. 여기는 제게 (걸맞는, 걸맞은) 자리가 아닌 듯 합니다.
2. 나는 요리를 (어깨넘어,어깨너머)로 배웠다
3. 일찍부터 공부했으면 더 좋은 점수를 받을 수 (있었을런지, 있었을는지)
4. 누이는 존경받는 의사로(서, 써) 명예로운 삶을 살았다
5. (비로서, 비로소) 그는 소원을 이루었다
6. 집 (떠난 지, 떠난지) 사흘째다
7. 부끄러움은 왜 우리 (몫인지, 몫인 지)
8. (그리고는, 그러고는) 지갑 갈피에 끼워져 있는 몇 장의 카드를 꺼내 들었다
9. 접수 결과가 나오는 데 (며칠, 몇 일)이 걸리나요?
10. 다음에 또 (봬요, 뵈요)
11. 우리 앞으로 서로 (알은척, 아는 척)하지 말자
12. 오늘밤 별이 더 (아름다워요, 아름다와요)

13. 몸과 마음 (추스르시길, 추스리시길) 바랍니다

14. (단언컨대, 단언컨데) 너는 이번 대회에서 꼭 우승할거야

15. (혹여, 행여) 시험에 떨어지더라도 너무 괘념치 말기를

16. 주식 때문에 빚을 많이 진 탓에 가정경제가 (결딴, 결단)났다

17. 아이의 고집은 아무리 어르고 (구슬려도,구슬러도) 막무가내였다

18. 예전의 건조하고 재미없는 아나운서가 차라리 그립다는 건, 요란하고 흥미만 추구하는 방송 풍토에 지쳤다는 (반증, 방증)이다

19. (밥은커녕, 밥은 커녕) 물도 없다

20. 국은 (있는데, 있는 데) 반찬이 없다

21. 이번 시험은 (난이도, 난도)가 높다

B. 다음 중 바른 문장에 O 하시오.

1. ① 경기장에서 나오는 인파가 봇물을 이루고 있다 ( )

   ② 적군이 봇물 터지듯 밀려오고 있습니다 ( )

2. ① 유명세를 치르다 ( )

   ② 유명세를 얻다 ( )

3. ① 거기서 그치지 않고 일파만파 번지다 ( )

   ② 거기서 그치지 않고 일파만파를 낳다 ( )

4. ① 주식 종목 옥석구분이 힘들다 ( )

   ② 주식 종목 옥석을 가리기가 힘들다 ( )

5. ① 머리가 세다 ( )

   ② 머리가 하얗게 세다 ( )

6. ① 남북 통일은 오래된 숙원이다 ( )

② 남북 통일은 오래된 염원이다 ( )

7. ① 창립 기념일 행사에 많이 참석해주시길 바라겠습니다 ( )

② 창립 기념일 행사에 많이 참석해주시길 바랍니다 ( )

정답

A 1. 걸맞은 2. 어깨너머 3. 있었을는지 4. 서 5. 비로소
6. 떠난 지 7. 뭔인지 8. 그러고는 9. 며칠 10. 봬요
11. 알은척 12. 아름다워요 13. 추스르시길 14. 단언컨대
15. 혹여 16. 결딴 17. 구슬려도 18. 반증 19. 밥은커녕
20. 있는데 21. 난도

B 1.② 2. ① 3. ① 4. ② 5. ① 6. ② 7. ②

정확한 말, 세련된 말, 배려의 말

문해력을 높이고 언어 감수성을 키우는 우리말 핵심 표현 100

초판 1쇄 발행 2023년 6월 22일
초판 4쇄 발행 2025년 1월 15일

지은이 강성곤
그림 이크종

펴낸이 김정희
편집 정예인
디자인 강경신

펴낸곳 노르웨이숲
출판신고 2021년 9월 3일 제 2022-000108호
주소 서울시 마포구 신촌로 2길 19 302
이메일 norway12345@naver.com
팩스 0303-3443-7767

블로그 blog.naver.com/norway12345
인스타그램 @norwegian_book

ISBN 979-11-977917-9-6 (03700)